»Die Erzählungen aus den Lagern, aus den Gefängnissen, die Geschichten von Folter und Gewalt, von struktureller Entrechtung und Misshandlung, die Berichte von Vergewaltigungen und sexualisierter Gewalt, sie mögen gebrochen sein und unvollständig, sie mögen leise erzählt werden oder gebrüllt, sie mögen poetisch oder nüchtern daherkommen, sie mögen sich aus vielen Stimmen und Perspektiven zusammentragen, jener der Täter und jener der Opfer, sie mögen von der Schuld oder vom Unglück erzählen – aber sie bilden das bewegliche, unfertige, zeitoffene Narrativ unserer Gesellschaft.« Carolin Emcke

Carolin Emcke, geboren 1967, studierte Philosophie in London, Frankfurt/Main und Harvard. Promotion über den Begriff »kollektiver Identitäten«.
Seit 1998 bereist Carolin Emcke weltweit Krisengebiete, u. a. den Kosovo, Afghanistan, Kolumbien, Gaza, Haiti und den Irak. 2003/2004 war sie Visiting Lecturer für Politische Theorie an der Yale University.
Sie ist freie Publizistin und wurde mit dem Preis »Das politische Buch« der Friedrich-Ebert-Stiftung sowie dem Förderpreis des Ernst-Bloch-Preises ausgezeichnet, 2008 mit dem Theodor-Wolff-Preis, 2010 mit dem Otto-Brenner-Preis für kritischen Journalismus, mit dem Deutschen Reporterpreis, als »Journalistin des Jahres«, 2012 mit dem Journalistenpreis für Kinderrechte, 2014 mit dem Johann-Heinrich-Merck-Preis und 2015 mit dem Lessing-Preis des Freistaates Sachsen. Bei S. Fischer erschienen ›Von den Kriegen. Briefe an Freunde‹, ›Stumme Gewalt. Nachdenken über die RAF‹ und ›Wie wir begehren‹.

Weitere Informationen, auch zu E-Book-Ausgaben, finden Sie bei www.fischerverlage.de

CAROLIN EMCKE

WEIL ES SAGBAR IST

Über Zeugenschaft und Gerechtigkeit

Essays

FISCHER Taschenbuch

Erschienen bei FISCHER Taschenbuch
Frankfurt am Main, Juni 2015

© S. Fischer Verlag GmbH, Frankfurt am Main 2013
Satz: Dörlemann Satz, Lemförde
Druck und Bindung: CPI books GmbH, Leck
Printed in Germany
ISBN 978-3-596-19685-2

WEIL ES SAGBAR IST

Über Zeugenschaft und Gerechtigkeit

für Silvia

»Das Unsägliche geht, leise gesagt, übers Land«
Ingeborg Bachmann

»So, doch womit soll man anfangen,
mit welchen Worten?
Ganz gleich, fang mit den Worten an …«
Sascha Sokolow

Inhalt

»WEIL ES SAGBAR IST«
Über Zeugenschaft und Gerechtigkeit

Einleitung

»In den schrecklichen Jahren des Justizterrors unter Je-
show habe ich siebzehn Monate mit Schlangestehen in
den Gefängnissen von Leningrad verbracht. Auf irgend-
eine Weise ›erkannte‹ mich einmal jemand. Da erwachte
die hinter mir stehende Frau mit blauen Lippen, die meinen Namen natürlich niemals gehört hatte, aus jener
Erstarrung, die uns allen eigen war, und flüsterte mir ins
Ohr die Frage (dort sprachen alle im Flüsterton):

›Und Sie können dies beschreiben?‹

Und ich sagte:

›Ja.‹

Da glitt etwas wie ein Lächeln über das, was einmal ihr
Gesicht gewesen war.«

Anna Achmatowa, 1. April 1957, Leningrad

Wieder und wieder bitten Menschen in Not, Eingeschlos-
sene oder Ausgeschlossene, Opfer von Krieg oder Gewalt,
ein Gegenüber darum, »davon« zu erzählen.

Warum? Was geschieht in einer solchen Szene?

»Und Sie können *dies* beschreiben?«, es klingt unsicher, ängstlich auch (»dort sprachen wir alle im Flüsterton«), aber vor allem karg: In einem Wort nur verbirgt sich der Schrecken über eine Erfahrung, die die Fähigkeit, sie zu beschreiben, unterwandert hat: »dies«.

Was ist »dies«? Genauer: Was ist es an diesem »dies«, das es zu einem sprachlichen Problem macht? Was daran ist unsäglich? Warum braucht die Frau »mit den blauen Lippen« eine andere, eine Fremde? Warum kann sie ihre Erlebnisse im Gefängnis nicht selbst beschreiben – so wie sie vermutlich den Besuch der Nachbarin, den ersten Schultag ihres Kindes oder das Einholen der letzten Ernte in Worte fassen kann? Ist etwas dem Unrecht oder Leid zu eigen, das sich nicht darstellen lässt? Lähmt Gewalt wie der Blick der Medusa jene, die sie erfahren?

Bestimmte Erlebnisse scheinen nicht erst die Möglichkeit zu begrenzen, sie zu beschreiben, sondern schon das Vermögen, sie zu erfassen. Extremes Unrecht und Gewalt stellen eine Anomalie dar, sie widersprechen jeder unversehrten Welterfahrung. Sie brechen ein in das Leben von Menschen, die nicht begreifen können, was ihnen da geschieht. Das Erlebnis scheint entkoppelt von allem, was vorher geschah, es reiht sich nicht ein in die eigene Geschichte, in das Verständnis dessen, was und wer man selbst einmal war und wer die anderen waren. Und das Erlebnis scheint entkoppelt von allem, was geschehen sollte, es passt nicht zu der eigenen moralischen Erwartung, zu dem, was und wer andere sein sollten. Der zivilisatorische

Bruch eines Unrechts zieht sich durch verschiedene Schichten, erschüttert zweifach: die Beziehung des Opfers zu sich selbst und seine Beziehung zur Welt. Diese normative Störung vertieft den Riss zwischen innerhalb und außerhalb der Zone der Gewalt, zwischen Betroffenen und Außenstehenden.

So werden Leid und Gewalt zu einem sprachlichen Problem: Die Erlebnisse scheinen nicht beschreibbar, weil die Betroffenen sie selbst nicht verstehen, weil sie alles zu übersteigen drohen, was vorher als Erfahrung zählte. Zu harmlos wirken die üblichen Begriffe angesichts des Schreckens, zu flach. Um die Verwüstungen zu beschreiben, müssten Worte, eines nach dem anderen, an »dies« angelegt werden, wie Pailletten an einen Stoff, bis sie alles bedecken.[1]

Und die Erlebnisse erscheinen anderen nicht vermittelbar, weil sie die, die sie durchleiden, absondern von denen, die verschont wurden. Zu kurz scheint jede Erzählung angesichts des Schreckens, zu dünn, um die Last der ganzen Erfahrung tragen zu können.

»Und *Sie* können dies beschreiben?« Die Satzstellung suggeriert, die Fragende selbst habe sich schon daran versucht – und sei gescheitert. Als ob es einer speziellen Gabe bedürfte, Elend zu beschreiben. Schon als sie nur ahnt, dass eine Dichterin unter ihnen, den Opfern des Regimes, sein könnte, »erwachte« sie »aus jener Erstarrung«.

Was ist »jene Erstarrung«, aus der die Frau mit den blauen Lippen erst mit der Aussicht auf Zeugenschaft durch eine andere »erwacht«?

Verzweiflung und Schmerz legen sich wie eine Schale um die betroffene Person und schließen sie ein. So vergrößert sich der Radius der Gewalt, weitet sich aus und beschädigt. Erlittene Gewalt nistet sich ein, sie lagert sich ab, lässt »erstarren«, artikuliert sich in Gesten, Bewegungen, Wortfetzen oder im Schweigen.

Darin aber, in dem Schweigen der Opfer von extremem Unrecht und Gewalt, liegt die perfideste Kunst solcher Verbrechen: seine eigenen Spuren zu verwischen. Denn wenn sich strukturelle und physische Gewalt einschreibt in ihre Opfer, wenn sie die physische und psychische Integrität einer Person verletzt, wenn extremes Unrecht und Gewalt die erzählerische Kompetenz angreift, dann bleibt sie unbemerkt und wirkt fort.

»Da glitt etwas wie ein Lächeln über das, was einmal ihr Gesicht gewesen war«, schreibt Achmatowa und verweist so auf das Ethos der Zeugenschaft, auf die Kraft des Erzählens für eine andere.

»… das, was einmal ihr Gesicht gewesen war«? Die Frau bleibt in Achmatowas Text namenlos, sie ist anfangs nur eine weitere Person in einer der Schlangen im Gefängnis, »die hinter mir stehende Frau«, sie erscheint als eine von allen, sie hat jene Erstarrung, »die uns allen zu eigen war«, sie flüstert, »dort sprachen alle im Flüsterton«, sie scheint ihrer Individualität (ihres Gesichts) beraubt, das einzige Merkmal sind die »blauen Lippen«.

Erst als sie weiß, dass ihre Erlebnisse durch eine andere in Worte gefasst werden, erhält sie ein menschliches Antlitz zurück. Erst als sie weiß, dass eine andere zu sprechen, zu erzählen in der Lage ist, erhält sie ihre Subjektivität wieder zurück. Sie weiß: diese Erlebnisse werden nicht unbeschrieben bleiben. Mindestens eine von ihnen allen wird erzählen können, was geschah, mindestens eine von ihnen wird aus den Erlebnissen der Einzelnen eine Erfahrung machen, von der andere hören können und müssen.

Als ich, vor ungefähr zwanzig Jahren, diese Zeilen von Anna Achmatowa zum ersten Mal las, damals noch Studentin der Diskurs-Ethik in Frankfurt am Main, war es dieser Zusammenhang von Gewalt und Sprachlosigkeit, der mich umtrieb. Wenn Opfer von Gewalt in ihrer Fähigkeit beschädigt würden, das erfahrene Leid zu beschreiben, wenn es keinen oder keine gab, der oder die für sie spräche, dann wäre die Sprachlosigkeit nicht nur ein hermeneutisches oder psychologisches Problem, sondern auch eines der Gerechtigkeit. Wenn Opfer von Gewalt das, was ihnen widerfahren war, nicht erzählen könnten, würden Diktatoren und Folterer obsiegen.

Wann immer ich in der Folge diesen kleinen Text von Achmatowa las, konzentrierte ich mich auf den ersten und den letzten Teil: auf die Versehrung der Frau mit den blauen Lippen und ihre Frage »Und Sie können dies beschreiben?« Und auf ihre Wandlung aus der Erstarrung, dem Flüstern, hin zu »da glitt etwas wie ein Lächeln über das, was einmal ihr Gesicht gewesen war«, dieser Hoffnung, die sich in dem Lächeln andeutet. Dieses Lächeln, das mit der Würde zu tun hat, die es allein nicht gibt, die immer nur zu zweit aufscheint – hier in jenem Moment, in dem eine für eine andere zu erzählen verspricht.

Zwischen der Leserin von damals und der von heute liegen vierzehn Jahre, die ich reisend und zuhörend als Reporterin in Kriegs- und Krisengebieten verbracht habe. Nicht nur, aber auch. Vierzehn Jahre, in denen ich vor Frauen mit blauen Lippen saß und vor erstarrten Männern, in Flüchtlingslagern oder Verstecken, in Gefängnissen oder Wellblechhütten, am Wegesrand oder auf den Ladeflächen von Traktoranhängern, eingesperrt oder ausgesperrt, vertrieben oder verloren, und versuchte zu verstehen, was ihnen widerfahren war.

Sie konnten nicht einfach nur »dies« sagen. Denn ich war nicht eine von ihnen. Ich wusste nicht, was »dies« bedeutete. Ich war eine Fremde, zugereist in diese Landschaft aus Gewalt und Zerstörung. Ich teilte ihre Erlebnisse nicht. Sie mussten mir mitteilen, was sie durchgemacht hatten. So gut es ging. Manche schwiegen, manche stockten, manche erzählten rückwärts, manche verhaspelten sich, so schnell wollten sie ihre Geschichte mitteilen, manches kam nur bruchstückhaft heraus, nicht selten gab es erzählerische Schwellen, über die sie nicht hinwegkonnten oder -wollten, viele weinten, manche nicht, ihre Erzählungen klangen oft unwahrscheinlich, auch nicht eigentlich intelligibel, aber wieder und wieder, in zahllosen Begegnungen überall auf der Welt, tauchte, in allen Sprachen, diese eine

Frage auf: »Schreibst du das auf?«, flehend oft, fordernd auch, manchmal begleitet von einem nachdrücklichen Blick in mein Notizbuch, auf die schwarzen Buchstaben, die doch, bitte, ihre Erfahrung dingfest machen sollten.

Erst mit der Zeit begann ich zu ahnen, dass sie mich nicht allein darum baten, weil sie das Unrecht und Leid, das ihnen widerfahren war, bestätigt und erinnert wissen wollten, sondern auch, weil sie als die Person bestätigt und vergewissert werden wollten, die sie waren, bevor ihnen all das widerfuhr: jemand, die es wert ist, wahrgenommen zu werden, als Individuum, als menschliches Subjekt.

All die Jahre blieb mir die Geschichte von Anna Achmatowa im Gedächtnis, all die Jahre begleitete mich die Vorstellung von dem »Lächeln, auf dem, was einmal ihr Gesicht gewesen war«, und sie schien sich zu spiegeln in den Gesprächen und Begegnungen im Kosovo, in Afghanistan, Irak, Haiti oder Israel.[2]

Aber erst heute, nach all diesen Reisen, zwanzig Jahre nach der ersten Lektüre von Anna Achmatowa, fällt mir der Teil der Geschichte auf, dem ich früher keine Aufmerksamkeit geschenkt hatte: das »Ja«.

Vielleicht weil sie mir früher so selbstverständlich erschien, diese Antwort, vielleicht weil ich damals, bevor ich zu reisen begann, als Schülerin der Frankfurter Schule, mich meiner Fähigkeit so sicher wähnte, die eigene Perspektive wechseln, die existentiellen Erfahrungen eines anderen nicht nur nachvollziehen, sondern auch artikulieren zu können.

Gewiss, daran glaube ich noch immer: dass es das kategorial »Andere« nicht gibt, dass es sich einfühlen lässt in andere kulturelle, religiöse, ästhetische Lebenswelten, dass sich andere Praktiken und Überzeugungen als die eigenen verstehen lassen. Nicht nur das, sondern dass diese Empathie unverzichtbar ist, für uns alle.

Aber heute, mit dem Wissen auch um die ethische Last der Zeugenschaft, mit der Angst des erzählerischen (und damit auch moralischen) Versagens, nämlich eben »dies« *nicht* angemessen beschreiben zu können, erstaunt mich vor allem das selbstbewusste »Ja«.

Es mag seltsam altmodisch erscheinen, das doppelte Ansinnen dieses Essays: einerseits die Schwellen des Erzählbaren zu lokalisieren und andererseits ebendiese Schwellen als – gemeinsam – überschreitbare zu behaupten. Einerseits die Wirkungsmacht von Leid und Gewalt zu beschreiben, wie sie ihre Opfer verunsichern, verstören, versehren, wie sie die eigene Vorstellungskraft übersteigen, das Vertrauen in die Welt irritieren, die Fähigkeit, »dies zu beschreiben«. Andererseits aber die Möglichkeit des Mitteilens, des An-Vertrauens an jemand anderen, und die Aufgabe der »Re-Humanisierung durch Zeugenschaft« zu beleuchten.[3]

Darin artikulieren sich Zweifel an zwei geläufigen Überzeugungen: erstens der selbstbewussten Vorstellung von der Leichtigkeit der Augenzeugenschaft, sei es durch professionelle Beobachter oder durch Laien.

In digitalen, bildlastigen Zeiten, in denen es selbstverständlich scheint, das Erlebte festzuhalten und mitzuteilen, noch bevor es eigentlich erfahren ist, ob es sich um den Bürgerkrieg in Syrien, den arabischen Frühling oder den Börsengang von Facebook handelt, droht die selbstkritische Skepsis, ob es auch Erlebnisse gibt, die sich nicht gar so leicht erzählen lassen, zu verschwinden.

Und zweitens, gleichsam am gegenüberliegenden Pol, die Vorstellung vom »Unbeschreiblichen« oder »Unaussprechlichen«, dass also bestimmte Verbrechen, bestimmte Erfahrungen nicht beschrieben werden könnten und dürften. Abgesehen davon, dass dieser These vom »Unaussprechlichen« stets auch eine gewisse hermeneutische Faulheit innezuwohnen scheint, die gehörig irritiert, schreckt mich an dieser Position vor allem, dass Unrecht und Gewalt unfreiwillig sakralisiert werden.[4] Wenn sie »unbeschreiblich« sind, bleiben sie auch undurchdringlich. Wenn die Erfahrungen nicht, wie immer unvollkommen und gebrochen, beschrieben werden dürfen, wenn nicht einmal der Versuch unternommen wird, ihrer habhaft zu werden, bleiben auch die Opfer für immer damit allein.

Stattdessen versucht dieser Essay beides zu ergründen: die Zweifel an dem, was sich verstehen und beschreiben lässt (die Frage der Frau mit den blauen Lippen), und das Versprechen des »Ja« (die Antwort Anna Achmatowas), das Ethos des Erzählens füreinander. In Anlehnung an Georges Didi-Hubermann versucht dieser Essay ein Plädoyer für das Erzählen trotz allem.[5]

1. Vielfältige Zeugen oder: Wer spricht zu uns?

»Wer weiß schon was das heißt,
mit dem Wort am Leben hängen.«
Reiner Kunze

Welcher Zeuge?

Wer über Zeugenschaft schreibt, muss deutlich machen, welche Art von Zeugenschaft unter welcher Perspektive untersucht werden soll. Es kann um den religiösen Zeugen gehen, der das Wunder bestätigt, oder um die juristische Zeugin, die als unbeteiligte Dritte in einem Streitfall vor Gericht aussagt, oder um den moralischen Zeugen, der als Opfer vom eigenen Leid berichtet.[6]

Mich beschäftigen weniger die religiösen oder juristischen Kontroversen um Zeugenschaft. Die damit verbundenen Fragen nach der epistemischen Autorität der Zeugenschaft, also: ob Zweifel an den Aussagen von Zeuginnen und Zeugen angebracht wären und ob ihnen überhaupt der Anspruch auf Wahrheit innewohnt, werden hier vernachlässigt.[7] Die erkenntnistheoretischen Debatten um Zeugenschaft als Wissensvermittlung sind wichtig, und letztlich, wie Sibylle Schmidt sagt, auch nicht von der ethisch-politischen Frage der Zeugenschaft gänzlich zu entkoppeln.[8] Gleichwohl treten sie hier zurück.

Es ist ein sehr schmaler Ausschnitt aus den möglichen und nötigen Perspektiven auf Zeugenschaft, um den es hier gehen wird: Zeugenschaft von extremen Erfahrungen mit Entrechtung und Gewalt. Was bedeutet es, dass eine Zeugin das Erlebte nicht in Worte zu fassen weiß? Woran scheitert die Frau mit den blauen Lippen? Was ist es genau, worum sie eine andere bittet? Was birgt die Zeugenschaft für eine andere? Das Versprechen des Erinnerns? Der Empathie? Oder doch der Gerechtigkeit? Und was braucht es, damit Zeugenschaft gelingen kann?

Oft wird dieses Dilemma der Zeugenschaft von Grenzerfahrungen als ein psychisches Problem einer traumatisierten Person, des »Überlebens-Zeugen«, formuliert. Mit dem wachsenden Interesse an der Traumaforschung hat sich der Fokus von der verstörenden Gewalt hin zu dem traumatisierten Opfer der Gewalt verschoben. Als gestört gelten nun oftmals nicht mehr die Strukturen und Praktiken der Entrechtung und Gewalt, sondern die Menschen, die ihr unterworfen wurden.

Mir scheint in der ausschließlichen Betonung des beschädigten Opfers die Gefahr zu liegen, die moralisch-hermeneutische Aufgabe der Zeugenschaft zu ignorieren. Die Erfahrung extremer Entrechtung und Gewalt, die Einzelne durchlitten und überlebt haben, stellt auch eine Vielzahl an normativen Problemen einer sozialen Gemeinschaft dar, die einen solchen zivilisatorischen Bruch zugelassen hat. Wie von diesen Erfahrungen zu erzählen sei, ist – in dieser Perspektive – nicht nur eine subjektive Frage der

Überlebenden, sondern eine kollektive Frage aller, die nachfragen und beobachten, aller, die zuhören oder weitererzählen wollen, es ist die kollektive Aufgabe einer Gemeinschaft, die sich an Gerechtigkeit orientiert. Und diese Aufgabe wächst, wenn die Generation der Zeuginnen und Zeugen langsam ausstirbt.

Wann wird jemand Zeuge?

Was müssen wir wissen, um sein oder ihr Zeugnis zu verstehen? Was müssen wir wissen, um ihrem Zeugnis zu glauben? Ist es eine Betroffene oder eine Beobachterin? Was müssen wir tun, dass sie zu uns sprechen kann? Ist es ein Augenzeuge oder ein Ohrenzeuge? Ist das Zeugnis Beschreibung oder Symptom? Belegt es ein Verbrechen selbst oder nur die Wunden, die es im Zeugen schlug?[9] Wird bezeugt oder bekannt? Ist jemand Zeuge aus Zufall oder aus Profession? Welche Demütigung wird öffentlich gemacht, wenn die eigene Misshandlung wiederzugeben ist? Welche Schuld wird eingestanden, wenn die eigenen Vergehen zu beschreiben sind? Welche Entwertung des Selbst wird wiedererlebt in der Beschreibung? Wer hat die Kraft dazu? Wer den Mut?

Wie viel Zeit ist vergangen seit dem Erlebten, das es zu beschreiben gilt? Geht es um einen einzelnen Akt oder eine längere Phase? Ist es die erstmalige Suche nach Worten für das Geschehen? Ist es ein kreisendes, zögerndes, ein zielloses Sprechen? Oder schon ein formelhaftes Zitieren eigener oder fremder Redeschablonen, ein gestanztes, lückenloses, selbstgewisses Wiederholen des bereits im kollektiven Gedächtnis Festgeschriebenen? Ist es eine mündliche Überlieferung? Ein beiläufiges Gespräch, achtlos dahingeworfen? Oder eine Aussage, ein protokollarischer Vorgang, etwas zum Archivieren Bestimmtes?

Wem oder was dient das Zeugnis? Sozialer Gerechtigkeit oder individueller Rache? Historischer Wahrheit oder persönlicher Wahrhaftigkeit? Wem wird etwas erzählt? Denen, die aus demselben Dorf stammen, denen man die reißende Strömung des Flusses oder den Klang der einschlagenden Gewehrsalven nicht beschreiben muss? Oder Fremden, die das schamhafte Zögern, das bejahende Kopfschütteln, die verspätete Wut nicht nachvollziehen können? Oder gar denen, die mitverantwortlich sind für die Gewalt? Die zugeschaut haben, aber nichts wissen wollten? Die das Verbrechen nicht als Verbrechen erkennen wollten? Oder wird den eigenen Kindern und Enkeln erzählt, die die lückenhafte Geschichte, den unverstandenen Albtraum, die übertragenen Ängste geerbt haben, ohne zu wissen, wie?

In welchem Rahmen findet das Sprechen statt? Zu Hause, in der vertrauten Umgebung, oder vor Gericht, in einem fremden, formalisierten Kontext? Wird entlang innerer oder äußerer Bilder erzählt? Ist das Tempo der Erzählung selbstbestimmt? Oder gibt es Fragen, wohlmeinende oder argwöhnische, die dem Zeugen narrative Pfade bahnen? Welche Motive drängen die Zeugin? Oder fühlt sie sich bedrängt? Wird aus innerer Not oder äußerem Zwang erzählt? Muss die Erzählung geborgen werden, sind die Begebenheiten versunken, verstreut, versteckt? Oder liegen die Erfahrungen parat, drängen hinaus, lassen sich nicht bändigen? Erfüllt der Bericht die Nächsten mit Stolz oder mit Scham? Wird ein anderer, ein Nächster in Mitleidenschaft gezogen, entblättert vor aller Augen? Welche Normen kanalisieren die Wahrnehmung, und welche steuern die Bereitschaft zu erzählen?

Wer spricht?

Unter den Überlebenden extremer Ausnahmesituationen gibt es manche, die sofort Zeugnis ablegen wollen, aus denen die schrecklichen Erlebnisse hervordrängen, die gleichsam »unter einem inneren Diktat« sprechen oder schreiben.[10] Primo Levi beginnt mit dem Erzählen des Grauens in einem Bericht für den russischen Kommandanten des Auffanglagers Kattowitz, direkt nach seiner Befreiung.[11] Und dann erzählt er weiter auf der Odyssee seiner Rückkehr nach Italien. Er »übt« das Sprechen, er erzählt probeweise, unsicher, ob sich diese Grenzerfahrungen überhaupt vermitteln lassen. Noch im Zug berichtet er Unbekannten von der so fremden Welt.[12] Und er testet dabei nicht zuletzt auch die Zuhörer. Können sie diese Erfahrung nachvollziehen? Wollen sie sie nachvollziehen? Glauben sie das Unglaubliche? Lassen sie es zu, dass der Schrecken, von dem er berichtet, in ihre Welt eindringt? Oder wehren sie sich gegen die ausgemergelte Erscheinung mit den tiefliegenden Augen und ihre Geschichte?[13] Gleich nach seiner Ankunft im Oktober 1945 beginnt er zu schreiben. Und er schreibt, »ohne es zu bemerken«, »ohne Plan«, »ohne Ordnung«. »Geschichte der

Menschen ohne Namen« sollte der ursprüngliche Titel seiner Erinnerungen lauten. Ein Zeugnis für die, die kein Zeugnis mehr ablegen können.

Auch Jan Philipp Reemtsma schreibt kurz nach der Befreiung aus seiner Geiselhaft. Ein Schreiben scheinbar ohne Hast, aber motiviert durch Ekel und den Unwillen, die schreckliche Erfahrung der Entführung nur mit den Verbrechern teilen zu sollen. Es ist ein Erzählen, das nicht nur aus der Vereinzelung des einsamen Inhaftierten befreien soll, sondern auch aus der erzwungenen Intimität mit den verhassten Tätern. Anders als Levi kann Reemtsma nicht im Namen anderer schreiben. Nicht aus Zuneigung zu anderen Leidensgenossen, sondern aus Verachtung für diejenigen, die ihm das Leid angetan hatten, schreibt er.

Mit dem Schritt an die Öffentlichkeit unterwandert Reemtsma in gewisser Hinsicht die Bedürfnisse seiner Familie, die sich nach der dauernden Begleitung durch Polizeibeamte, Freunde, Anwälte und Psychologen vor allem die Rückkehr zu einem abgeschiedenen, ruhigen Leben wünscht. Beide, das Entführungsopfer selbst und seine Familie, sehnen sich nach einer verlorenen Normalität, aber sie können sie nicht auf dieselbe Art erlangen: Reemtsma muss sich mit seinem Zeugnis einer möglichst breiten Öffentlichkeit zuwenden, sich öffnen, weil er nur damit die Eigenschaften seiner gerade durchlittenen traumatischen Erfahrung konterkarieren kann. Isoliert, versteckt, angekettet, jeder selbständigen Handlungsfähigkeit benommen, hatte Reemtsma die erzwungene Intimität einer Geiselhaft ertragen müssen, um anschließend mit dem Text seine Subjektivität zurückzuerobern.[14]

Es gibt auch jene, die sprechen, aufgefordert durch allgegenwärtige Kameras und Mikrophone, direkt am Ort des Geschehens, und die dadurch mehr und mehr ihre eigene Subjektivität zu verlieren scheinen. Einerseits bei einzelnen historischen Ereignissen wie den Anschlägen vom 11. September, als den Überlebenden aus den Türmen des World Trade Center in der medialen Wiederaufbereitung mit dem wiederholten Erzählen die eigene Erfahrung eher entglitten ist. In der dauernden Repetition derselben Geschichte verselbständigen sich die Worte und die Erzählweise nach und nach, entkoppeln sich von jedem Nachdenken oder Wiedererleben beim Sprechen. So wird der Bericht mit der Zeit eine eigene fertige Form, die man einfach nur abrufen muss. Es entsteht keine Erzählung mehr, die den Erzählenden noch herausfordert, die noch veränderlich ist und den Sprecher wie den Zuhörer verändert. Die Geschichte wird gleichsam eingefroren, und alle Emotionen und Reflektionen erstarren mit.

Andererseits, bei einem fortdauernden Schrecken, kann sich die wieder- und weitererzählte Erfahrung auch verflüchtigen: Die Bewohner von Aleppo, die inmitten des Krieges den internationalen Reportern von ihrem Leid berichteten, konnten zwar sicher sein, dass ihre Erfahrungen in die Welt hinausgetragen würden, manchmal sogar in Echtzeit, aber ob sie erinnert würden, blieb offen. Im Tempo der Berichterstattung eines nicht enden wollenden Krieges schienen die einzelnen Eindrücke und Kommentare, ganz gleich wie dramatisch und entsetzlich, nichtig zu werden.

Wer schweigt?

Und schließlich gibt es jene Menschen, die *nicht* sprechen nach ihrer Befreiung. Die eine Erfahrung überleben, aber sie nicht übermitteln. Mit deren Schweigen auch die erduldeten Leiden in unzugänglichen Tiefen versinken. Wie soll über sie zu sprechen sein? Oder über das, was sie erlebt haben? Wer kann von sich behaupten, das Schweigen der anderen zutreffend zu erklären? *Können* sie nicht sprechen, wie so oft unterstellt wird? Weil die Ereignisse zu verstörend waren oder weil sie selbst zu verstört sind? Oder *wollen* sie vielleicht nicht sprechen? Weil sie sich oder uns schonen wollen?

Von allen diesen verschiedenen Zeuginnen und Zeugen und den Bedingungen, die ihnen das Erzählen ermöglichen (oder verunmöglichen), soll hier die Rede sein. Mich interessiert, wie sie selbst »dies« beschreiben, wie sie selbst das Verstörende an Grenzsituationen ausloten und ob es wirklich ihre erzählerische Kompetenz versehrt – oder nicht vielmehr dessen Voraussetzung: das Vertrauen in einen anderen.

2. Verstörung oder: »Ne pas chercher à comprendre«

»Seelenblind, hinter den Aschen,
im heilig-sinnlosen Wort,
kommt der Entreimte geschritten,
den Hirnmantel leicht um die Schultern.«

Paul Celan

Gewalt und Zerstörung überraschen. Sie verletzen nicht
nur oder schmerzen, sie irritieren auch. Sie scheinen unbegreiflich – noch bevor sie als unbeschreiblich gelten.
Extreme Grenzsituationen, ob ein Erdbeben, eine Geisel-
nahme oder Folter, stellen zunächst einmal, jenseits von
dem Grad des Leids und der moralischen Verstörung, die
sie auslösen, einen Verlust an kognitiver Sicherheit dar: Die
vertraute Ordnung des Lebens zerfällt, wenn Menschen in
einen Kontext geworfen werden, der all ihre lebensweltlichen und normativen Erwartungen zerschellen lässt.

Die Traumaforschung weist darauf hin, dass gerade diese
Unfähigkeit, das in extremen Situationen Erlebte einzu-
sortieren, den Kern des Traumas ausmacht. Es wäre demnach nicht der Inhalt der Erfahrung entscheidend für die
traumatische Erschütterung, sondern die Entkopplung
von früheren Erlebnissen, die es unmöglich macht, sie
sinnvoll zu begreifen.[15] Nicht allein das, was die Opfer von

extremem Unrecht und Gewalt erleben, lässt sie verstört zurück, sondern *wie* es das eigene Leben unterbricht, in ein Vorher und Nachher einteilt. Aus diesem Grund werden hier ganz verschiedene Stimmen (und Textgattungen) erörtert werden. Dabei geht es nicht um eine Vereinheitlichung des Leids oder eine Relativierung von Gewaltphänomenen, sondern um den Versuch, die Verstörungen, die sie in den Menschen auslösen, zu verstehen.

Über die fundamentale Irritation eines Individuums in extremen Situationen haben zahlreiche Überlebende der Shoah geschrieben. In ihren Erinnerungen und Berichten zeichnet sich die allererste Konfrontation mit dem Lager vor allem durch das Gefühl der Verwirrung aus, des Nicht-Verstehens. Es ist noch nicht einmal ein moralisches Entsetzen, dessen sie gewahr werden, kein empörtes Anklagen der Logik der Vernichtung. Sondern zunächst einmal ein Suchen nach irgendeiner Logik, wodurch sich das Undenkbare in Einklang bringen ließe mit dem, was vorher denkbar schien.

Charlotte Delbo, Mitglied der französischen Résistance, die 1943 nach Auschwitz deportiert wurde, beschreibt diese Desorientierung besonders eindrücklich: »In Fünferreihen schlagen sie die Straße der Ankunft ein. Es ist die Straße der Abfahrt, sie wissen es nicht. Das ist die Straße, die man nur einmal geht. Sie gehen in guter Ordnung – man soll ihnen nichts vorwerfen können. Sie kommen zu einem Haus und seufzen. Endlich sind sie angekommen. Und als die Frauen angeschrien werden, sie

31

sollen sich ausziehen, ziehen sie zuerst die Kinder aus und geben acht, dass sie sie nicht ganz wach machen. Nach der tagelangen und nächtelangen Reise sind sie gereizt und quengelig, und sie fangen an, sich vor den Kindern auszuziehen, nun, anders geht es nicht, und als jede ein Handtuch bekommt, machen sie sich Gedanken, ob die Dusche auch warm sein wird, denn die Kinder könnten sich erkälten, und als die Männer, ebenfalls nackt, aus einer anderen Tür in den Duschraum treten, halten die Frauen die Kinder vor sich. Und vielleicht verstehen jetzt alle.«[16]

Bei Delbo bestätigt jede Geste, jeder Schritt noch die Ahnungslosigkeit der Deportierten. Sie belegen mit jeder Handlung im Lager ihre Unwissenheit. Noch immer funktionieren ihre Impulse und Intuitionen, als ob sie sich in einer vertrauten, sicheren Welt befänden: Sie strengen sich an, als ob sie in dieser Umgebung noch etwas richtig machen könnten, sie behalten die »Ordnung«, als könnten sie damit Eindruck hinterlassen. Ihre Rücksichtnahme ist noch geeicht auf minimale Störungen der Empfindsamkeit: Mit den Kindern sind sie »achtsam« nach der »langen Reise«, als sei das Härteste an Belastung schon vorbei. Sie fürchten eine »Erkältung«, als sei das die größte Gefahr für ihre Gesundheit. Überhaupt glauben sie sich noch in der Lage, ihrer Rolle als Mütter gerecht zu werden, sie glauben sich noch fähig, andere beschützen zu können. Ihre Schamhaftigkeit ist noch empfänglich für feinste Eindrücke. In ihrem gesamten Gebaren sind die Ankömmlinge noch konditioniert auf eine andere Welt. Sie verstehen einfach nicht, wo sie da gelandet sind, was für einer Ordnung des Terrors sie von nun an unterworfen sein werden.

»Wir sahen uns wortlos an«, so beschreibt Primo Levi die Ankunft am Bahnsteig von Auschwitz, wo er im Scheinwerferlicht zwei Trupps sonderbarer Gestalten sieht: schattenhafte Wesen in langen Kitteln, verdreckt und zerrissen, mit unsicherem Gang und ängstlicher Körpersprache. »Alles war unbegreiflich und irrsinnig.«[17] Obgleich bereits die Zugfahrt wie eine Initiation in den Ausnahmezustand der Entrechtung funktioniert (und so beschreibt sie nahezu jeder der Überlebenden als gleichermaßen prägend: Primo Levi, Robert Antelme, Ruth Klüger – alle widmen dem Transport ins Lager eine ausführliche gesonderte Beschreibung), sind die im Lager Gestrandeten immer noch unfähig, sich auf die grausame Ordnung einzustellen. Ihre Wahrnehmung ist geschult, ihr Habitus geformt in friedlichen Zeiten. Sie unterstellen Konventionen aus einer unversehrten Welt, in der Respekt oder Ablehnung erworben werden kann (»sie gehen in guter Ordnung – man soll ihnen nichts vorwerfen können«), ja, in der es überhaupt einen Zusammenhang zwischen dem eigenen Verhalten und dem der Umwelt gibt. Sie scheinen immer noch Gesetze der Reziprozität, des Miteinanders unter Gleichwertigen zu unterstellen.

Für den »Neuen« bedeutet die Begegnung mit brutaler Gewalt zunächst eine kognitive Bedrohung. Das Konzentrationslager ist nach Levi nicht allein eine existentielle oder physische Konfrontation, sondern seine Gefährlich-

keit liegt auch in seiner Absurdität, seiner Unbegreiflich-
keit. Der desorientierte Häftling im Lager sucht nach Re-
geln, wo Willkür herrscht, nach irgendeiner Vernunft, wo
Wahnsinn regiert. Etwas wehrt sich, als ob Brutalität und
Grausamkeit nicht allein unmoralisch, sondern unlogisch
seien. Warlam Schalamow notiert in seinen Erzählungen
über die Zeit im Gulag von Kolyma: »Es ist schwer, sich im
Voraus eine richtige Vorstellung davon zu machen, denn
alles ist ungewöhnlich und unwahrscheinlich, und das
menschliche Hirn ist einfach nicht imstande, sich konkrete Bilder zu machen von diesem Leben.«[18]

Das Unwahrscheinliche lässt sich auch daran erkennen,
dass die überforderten Ankömmlinge nach Sprachbildern
und Metaphern suchen, in die sie das, was sie nicht verstehen, mit einer leichten Versetzung packen können. Wenn
sie aussprächen, was sie da sehen, präzis, genau, unmittel-
bar, dann ließe es sich nicht mehr abwehren. Delbo nennt
die nackten weiblichen Leichen, die sich bläulich schim-
mernd vom weißen Schnee auf dem Boden abheben,[19]
»Schaufenster-Puppen«, schon um das Bild in den Erin-
nerungstiefen besser ertragen zu können. »Wir haben zugeschaut ohne zu verstehen«, schreibt sie und dann: »Wir
schauen mit Augen, die schreien, die nicht glauben.«

Eine solche nicht-verständliche Welt bedroht Erwachsene
anders als Kinder. Die Begegnung mit »Normen der Grausamkeit« verstört vor allem Erwachsene, die sie nicht glauben können, weil sie in anderen Normen, in einer anderen
Ordnung aufgewachsen sind. Der israelische Historiker
Otto Dov Kulka beschreibt den Schock der Konfrontation

mit dem Unverständlichen – und warum er für ihn, den Jungen im Kinderblock von Auschwitz, nicht existierte. »Denn das war die erste Welt und die erste Lebensordnung, die ich kennenlernte: die Ordnung der Selektionen und der Tod als einzige Gewissheit, die die Welt regiert. All dies waren beinahe selbstverständliche Dinge.«[20]

Aber Erwachsene kennen eine andere Welt und eine andere Lebensordnung als die der Selektionen und des Todes – und deswegen wehrt sich das Bewusstsein dagegen, in der neuen Welt anzukommen, sie zu »begreifen«.

Auch in Levis Bericht ist immer wieder von dieser Unfähigkeit, das Geschehen im Lager zu erfassen, die Rede. Es mag vergleichsweise schnell gelingen, Menschen ihrer Kleidung und ihrer Haare zu berauben, sie in winzige, verdreckte Unterkünfte zu zwängen, sie zu drangsalieren und zu quälen, aber sie lassen sich keineswegs so schnell ihrer Subjektivität berauben. Das Absurde mag zur dominanten existentiellen Erfahrung werden, aber der Verstand wie die Gewohnheit gehen nicht mit der Zeit.

Insofern, ließe sich sagen, ist der denkende Mensch den Schergen des Terrors unterlegen. Für Jean Améry ist das rational-analytische Denken in diesem Kontext keine Hilfe, sondern befördert eher noch die »Dialektik der Selbstzerstörung«.[21] Denn es ist eine kraftraubende Tätigkeit, neben dem Schaufeln, dem Appell-Stehen, dem Warten in der Kälte, dem Marschieren nach einer Logik der Tortur zu suchen. Noch gefangen im Glauben an eine Auflösung des Rätsels der Gewalt, vergeht notwendige Zeit, in der eine schnellere Anpassung möglicherweise

nützlicher fürs Überleben wäre. Seite über Seite beschreibt Levi, was Neue in dieser Ordnung des Terrors zu
»lernen« haben, vor allem dies eine: *»Ne pas chercher à
comprendre«*, »nicht versuchen, es zu begreifen«.

In einer Welt systematischer Entrechtung und Verletzung
funktionieren auch die eingeübten Funktionen der Analyse und Kritik nicht mehr, vielmehr lähmt die kognitive
Dissonanz zu allem bisher Gekannten das Urteilsvermö-
gen. Was so verwirrt: Es sind nicht bloß einzelne Elemente,
die verstören, wie das in anderen ungewöhnlichen Momenten oder leichteren Schock-Situationen vorkommt.
Solange genügend moralische oder ästhetische Erwartungen, die im Alltag als selbstverständlich vorausgesetzt werden, bestätigt werden, irritieren uns solche einzelnen Frag-
würdigkeiten oder Unterbrechungen des Gewohnten nicht
allzu sehr. Wir können überraschenden Dissens oder
auch Unrecht in unser Verhältnis zur Welt integrieren, solange sie nur vereinzelt auftreten. Nur so gelingt das Miteinander in einer gemeinsam geteilten Lebenswelt, indem
nicht ununterbrochen alles gleichzeitig problematisiert
werden muss, aber für einzelne Praktiken und Überzeugungen eine Erklärung abgegeben werden könnte. Auch
in Krisensituationen treten normalerweise Verunsiche-
rungen dieser Tiefenschicht des Wissens der sozialen Welt
nur partiell auf.[22]

In extremen Ausnahmesituationen sieht sich das Opfer
aber einer gleichermaßen kompakten wie komplexen
Topographie der Gewalt gegenüber. Als ob mit einem Mal

das unthematisierte Hintergrundwissen einer ganzen Lebenswelt zerfallen, alle impliziten Gewissheiten auf einen Schlag zerstoben wären.

Und so versuchen Opfer von Gewalt und Willkür oft, eine Art Kontinuität herzustellen, in irgendeiner Weise Gewissheiten zu retten, die galten, bevor sie in diesen Irrsinn geworfen wurden. Wer wären sie auch, wenn sie sich umgehend von allen moralischen und kulturellen Erwartungen und Referenzen lossagen könnten? Wer wären sie, wenn sie allzu leicht akzeptieren könnten, dass alles normativ Gesicherte, alles lebensweltlich Vertraute auf einmal nicht mehr gesichert sein soll? Stattdessen versuchen sie an die Person anzuschließen, die sie waren, bevor die Umstände alles gleichsam verrückt hatten.

Während das häufiger diskutierte Problem der Zeugenschaft darin besteht, dass die Person mitunter zu erschüttert ist, um einen intakten Bericht der äußeren Verhältnisse abzuliefern, steht am Anfang gerade die intakte Person dem Verstehen der erschütterten Verhältnisse im Weg.

Wie das klingt? Wie sich solche Erschütterungen narrativ manifestieren?

Zwei Beispiele aus der eigenen Erfahrung:
»Und ich hatte mir nagelneue Schuhe gekauft«, sagte Adem,[23] als sei das ein natürlicher Anfang für eine Geschichte von Deportation und Folter in den neunziger Jahren des 20. Jahrhunderts. Gebeugt, den Blick gesenkt,

immer darauf bedacht, seinen Rücken nah an den schutz-
bietenden Wänden seiner Wohnung zu halten, als müsse
er auch hier noch mit Schlägen rechnen.

»Ich hatte ganz neue Schuhe. Und sie waren teuer«, wie-
derholte er noch einmal mit Nachdruck, damit ich, die
Reporterin, die seine Geschichte hören wollte, es auch
wirklich registrierte. Der Satz ergab überhaupt keinen
Sinn, hatte keine Einbettung in den Rest seiner Erzählung.
Ein Faden, der lose aus der Schnur der Sprache heraus-
ragte, ohne Anschluss.
　　»Und ich hatte mir nagelneue Schuhe gekauft.«

Wann? Wozu? Was hatte das mit seiner Flucht aus Jugoslawien zu tun? Was mit seiner Zeit als schutzloser Asyl-
bewerber in der Bundesrepublik, verfrachtet von einer
Baracke, einem Flüchtlingsheim zum nächsten? Die
Schuhe waren ja keinesfalls Grund für seine Ausweisung
aus Deutschland oder für seine nachfolgende Misshandlung in Jugoslawien.

Dann sprach er leise weiter und erzählte, wie er, der Koso-
vo-Albaner, aus der damals noch gesamtjugoslawischen
Armee desertiert sei: vor den Verbrechen, die er im sol-
datischen Auftrag würde begehen müssen, und vor jenen
Verbrechen, die an ihm noch begangen werden würden.
Wie er, in Deutschland angekommen, Antrag auf Asyl gestellt habe und, trotz aller Hinweise auf seine Gefährdung
im eigenen Land, ausgewiesen worden sei.
　　Ungelenk, aber chronologisch berichtete Adem von

seiner Odyssee durch die ablehnende Bürokratie. Binnen dreißig Tagen, erzählte er, habe er »freiwillig« die Bundesrepublik zu verlassen gehabt, sonst habe ihm die Deportation gedroht.

»Meine Frau hat meine Reisetasche gepackt.«

Wieder so ein Satz wie ein halbabgerissener Holzspan, der hervorsticht aus der Oberfläche. Er trank einen Schluck aus der winzigen Mokkatasse vor sich, bevor er von der Rückreise ab dem Flughafen Düsseldorf in den Kosovo sprach. Wie er in Priština – gemeinsam mit einem weiteren ausgewiesenen Flüchtling – aus der Reihe der Wartenden an der Passkontrolle gezogen und in einen abgeschiedenen Teil des Flughafens gebracht worden sei. Wie ihm seine Papiere abgenommen, sein Gepäck durchwühlt worden seien. Und wie sich in seiner Tasche für die Rückkehr ins gefürchtete Land fatalerweise auch die Unterlagen seines Asylverfahrens in Deutschland fanden – und ihm so ebenjene Dokumente, die ihn in Deutschland vor politischer Verfolgung und Folter hätten schützen sollen, in Jugoslawien zum Anlass für Misshandlung geworden seien. Die Papiere wiesen ihn als Dissidenten und Deserteur aus – aus der Perspektive der Verwaltungsgerichte Nordrhein-Westfalens eine bloße Behauptung, um sich ein Bleiberecht zu erschwindeln, aus der Perspektive der Grenzbeamten in der immer noch serbisch regierten Teilrepublik Kosovo ein klares Geständnis seiner staatsfeindlichen Aktivitäten.

Adem stockte und begann seine Geschichte wieder von vorn zu erzählen.

»Und ich hatte mir nagelneue Schuhe gekauft.«

Noch einmal berichtete er von dem erfolglosen Asylverfahren, seiner Abreise aus Deutschland und der Passkontrolle in Priština. Er erreichte erzählerisch den Moment auf dem Flughafen, an dem er verhaftet wurde. Dann begann er erneut. Wieder wurden scheinbar anlasslos die neuen, »100 Mark teuren« Schuhe erwähnt. Wieder folgte die Beschreibung seiner erfolglosen Klagen um Anerkennung auf Asyl. Wieder seine Ankunft in Priština.

Wie eine Nadel auf einer verkratzten Vinyl-Schallplatte sprang seine Erzählung stets an derselben Stelle aus der Spur. Er konnte und konnte es nicht schaffen, den Anschluss an das zu finden, was nach der Selektion an der Passkontrolle geschehen war: die Schläge, die Verletzungen, die Schmerzen. Er setzte gedanklich rückwärts, als müsste er Anlauf nehmen. Er sammelte Kraft in der Wiederholung, und dann, schließlich, mit einem Satz, landete er bei den Misshandlungen. Erst auf dem Flughafen, dann in Belgrad, wohin er verbracht wurde. In einem Schnellverfahren habe ihm die serbische Regierung die Staatsangehörigkeit entzogen, erzählte Adem, bevor sie ihn schließlich geschlagen, gedemütigt, malträtiert in eine Maschine zurück nach Deutschland gesetzt hätten. Da landete er, zwei Wochen nach seiner »freiwilligen« Abreise, mit zerrissenem Hemd, blutverschmiert und mit geschwollenem Gesicht und Körper am Düsseldorfer Flughafen – an den Füßen nur mehr Socken. Die Schuhe, so Adem, hatten ihm die Folterknechte in der gerade verlorenen Heimat entwendet.

40

»Und ich hatte mir nagelneue Schuhe gekauft, die waren teuer.«

Da war er auf einmal wieder, der verlorene Faden, und nun fügte er sich ein in die Schnur einer sinnhaften Geschichte.

Die neuen Schuhe von Adem sind symptomatisch für die Verstörungen traumatischer Erfahrung. Die vertraute Ordnung der Dinge zerfällt, und das Bewusstsein über die veränderte Lage hinkt der Wirklichkeit hinterher. Einmal im Strudel solch dramatischer Prozesse, hält die Sprache fest an der gerade verlorenen Welt. So tauchen plötzlich Sätze auf, die aus der Zeit gefallen sind. Diese verschobenen Gedanken oder Worte sind Zeichen für die Verfasstheit einer Person, die sich noch dagegen wehrt, in ihrer neuen Rolle in der neuen furchtbaren Welt anzukommen.

Der blutüberströmte, verwahrloste Flüchtling, der ohne Papiere und barfuß in der alten Welt landet, hält fest an der Person, die er einmal war: nämlich ein Mensch, der sich »nagelneue Schuhe für 100 Mark« leisten konnte. Der an die Schuhe geknüpfte Status wäre für Adem zwei Wochen vorher vermutlich nicht erwähnenswert gewesen. Erst in dem Augenblick, da die Wertgegenstände verloren sind, erhalten sie ihren symbolischen Wert.

Solche Verschiebungen bringen die Zeitlichkeit durcheinander, weil die erzählende Person sich offensichtlich nicht mit ihrer eigenen Gegenwart in Deckung bringen kann oder mag. So entkoppelt sie sich von sich selbst und der grausamen Ordnung, in die sie sich einfügen soll, indem sie Brüche herstellt, die in die eigene noch unbeschädigte Vergangenheit zurückreichen.

Ich hatte damals, 1998, zugegebenermaßen als sehr junge, unerfahrene Redakteurin, die Geschichte von Adems Schuhen aufzuschreiben versucht. Nicht einfach die Geschichte seiner doppelten Deportation, aus Deutschland weg und wieder zurück. Sondern auch, wie er diese Geschichte erzählte: die Geschichte der Schleifen und Widerhaken, in denen die Erfahrung der Gewalt wie eine Art erzählerische Spur aufzuscheinen schien.

Der Text kam umgehend als undruckbar zurück. Er tauge in dieser Form nicht. Vermutlich, weil ich es nicht elegant genug aufzuschreiben gewusst hatte. Aber vielleicht auch, weil eine Geschichte in einem Nachrichtenmagazin sich an sogenannten überprüfbaren Fakten orientieren sollte, an körperlichen Spuren der Folter, nicht erzählerischen, vielleicht, weil sie zu kompliziert klang, indem sie sich mit der wirren Rede des Flüchtlings beschäftigte, als ergebe diese einen Sinn. Ich weiß es nicht. Damals habe ich mich nicht getraut, nach den Gründen für die Ablehnung zu fragen.

Am 11. September 2001 interviewte ich direkt nach den Anschlägen in New York verschiedene Überlebende. Darunter war Joe, ein Ingenieur der »Port Authority«, einer der Verkehrsbehörden der Stadt, die zwei Stockwerke im South Tower des World Trade Center belegt hatte. Vielleicht eine Stunde war vergangen, seit die beiden Flugzeuge die »Twin Towers« zum Einsturz gebracht hatten. Sein rechtes Ohr blutete noch, und auf seinem Hemdkragen hatte sich das Geronnene bereits mit Asche aus Asbest und Staub zu trockenen Klumpen vermischt. Er stand mitten im Tumult in Downtown Manhattan, graubemehlte Gesichter zogen an ihm vorbei, Polizisten und Rettungsleute rannten zu den brennenden, qualmenden Trümmerlandschaften. »Ich bin um 8 Uhr 30 ins Büro gekommen. Ich habe mir einen Kaffee geholt«, begann er, »dann fühlte es sich plötzlich wie ein Erdbeben an, vor dem Fenster sah man überall Gebäudeteile, die durch die Luft flogen. Wir wollten das Gebäude schnell räumen, aber wir befanden uns im 72. Stock – wir haben ewig gebraucht, bis wir endlich unten waren, dann gab es einen Schlag, einen unglaublichen Knall, und das Gebäude bebte, und wir waren noch drinnen.«

Aus der Beschreibung der Ereignisse im Inneren des World Trade Center ragte nur ein Detail hervor, das sich nicht einfügte: »der Kaffee«. Das Eintreffen im Büro diente der zeitlichen Orientierung, es hatte eine narrative Funktion. Die nachfolgenden Informationen, wenngleich kurzatmig aneinandergereiht, gaben Aufschluss über die dramatischen Momente der Flucht aus dem zunächst verschonten südlichen Turm, die Reaktion auf die Zerstörung des ersten Towers, die sie aus dem Fenster (»überall sah man Gebäudeteile«) beobachten konnten, der zweite Angriff, auf das eigene Gebäude, den sie noch selbst in einem der unteren Stockwerke erlebten (»und wir waren noch drin-

43

nen«), auch die undeutlichen Selbstvorwürfe (»wir haben ewig gebraucht«) fügten sich noch ein in eine gleichermaßen sachliche wie emotionale Schilderung. Nur »der Kaffee« wirkte zunächst seltsam banal angesichts der Dimension der historischen Katastrophe, der Joe gerade entronnen war. »Und wir waren noch drinnen, und alles war voller Staub, und wir konnten gar nichts sehen, es war alles in diese Farbe getaucht, ich werde das nie vergessen, dieses klebrige Weiß, wie nach einem Vulkanausbruch. Ich bin irgendwann gestürzt, ich kann mich gar nicht erinnern, ich habe nur das Blut an meinen Knien gesehen. Dreizehn Jahre habe ich in dem Gebäude schon gearbeitet.« Er stockte, zögerte und sagte schließlich: »Mein Kaffee, der muss noch auf dem Schreibtisch stehen ... doch ... mein Kaffee, den ich frisch gebrüht hatte ... ich hab ihn vergessen ... den gibt es jetzt nicht mehr.«

Es sind winzige Details wie »der Kaffee auf dem Schreibtisch«, an denen sich die Tiefe eines psychischen Schocks ausloten lässt. Sie belegen die inneren Erschütterungen, die durch gewaltige Erlebnisse ausgelöst werden. Sie verdeutlichen zweierlei: die Art, in der Opfer solcher Angriffe auf die eigene Integrität zunächst mit Zweifel reagieren, und die Art, in der sie versuchen, sich an Begriffe oder Bilder zu klammern, die ihnen Sinnbild für ihre eigene Vergangenheit bedeuten, die ihnen ein Gefühl von ebenjener Sicherheit zurückgeben, die ihnen gerade abhandengekommen ist (»die neuen Schuhe« oder »der frisch gebrühte Kaffee«).[24]

44

Die Verwirrung ist demnach als Reaktion auf Ausnahme-situationen eher Ausdruck einer *unversehrten* Person. Wer anfangs nichts begreift, wer nicht beschreiben kann, was ihm widerfährt in dieser beschädigten Welt, der ist noch nicht beschädigt. Vorschnell, wer Betroffene in solchen Phasen einfach pathologisieren will. Fahrlässig, wer das Problem am Opfer, nicht an den Umständen festmachen will.

Zunächst wird das Verhältnis des Ichs zur Welt zerrüttet.

Erst danach kommt jene Verstörung über die Person hinzu, zu der man durch diese Umwelt wird.

3. Verwandlung in »ein Ding«

> »Wir ließen uns treiben und ›liefen auf Grund‹ (…)
> Uns regte schon nichts mehr auf, es fiel uns leicht,
> in der Macht eines fremden Willens zu leben.«
>
> *Warlam Schalamow*

In seiner in den vierziger Jahren entstandenen Serie
»Heads« zeigte der Maler Francis Bacon auf dem ersten
Bild, »Head I«, ein entstelltes Wesen. Zu sehen sind nur
verrenkte Reste eines körperlosen Gesichts mit aufgerisse-
nem Mund, der zu brüllen scheint. Eine leidende Masse
Mensch. Im Zustand der Marter, des Schmerzes bleiben
bei Bacon kaum Spuren von Welt. Den Gequälten umgibt
nur mehr Düsternis. Kein Gebäude, kein Zimmer ist
mehr auszumachen – ein einziger Winkel im Hinter-
grund deutet noch auf etwas wie Räumlichkeit hin. Ein
metallenes Gestänge ist zu erkennen. Etwas zum Ausru-
hen vielleicht. Etwas zum Festschnallen womöglich. Sonst
nichts. Alles außerhalb der Schmerzen ist getilgt. Der entstellte Mensch ist allein. Die Bacon'sche Figur ist reduziert
auf einen Mund, der schreit oder wimmert. Die Augen,
mit denen andere wahrzunehmen wären, fehlen.

Das Bild der raumlosen, blinden Gestalt, die allein ihrem
Schmerz ausgeliefert im Dunkeln vegetiert, illustriert die

Wirkungsmacht von Entrechtung und Gewalt, wie sie ehemalige Häftlinge, Überlebende von Folter oder Vergewaltigung beschreiben: Sie lassen die Betroffenen vereinzeln, sie lassen sie so isoliert, dass sie, wie Jan Philipp Reemtsma schreibt, »aus der Welt fallen«.[25] Der Begriff taucht häufig auf:[26] Auch Herta Müller spricht angesichts des Schreckens, der plötzlich, am ersten Tag im sowjetischen Lager, über Oskar Pastior hereinbrach, von »dem Sturz … aus der Welt hinaus«.[27]

In Ausnahmesituationen scheint es keine Verbindung zwischen dem früheren Leben und dem verzerrten zu geben, keine Ähnlichkeit der Welt oder der Dinge darin. Es gibt keine Vertrautheit mehr mit Worten und Assoziationsfeldern. Selbst einfachste Gegenstände (Tische, Stühle, Besen, Heizung) haben ihre Harmlosigkeit verloren – wenn sie einmal zu Instrumenten bestialischer Misshandlung nutzbar gemacht wurden, scheinen die Objekte wie verwandelt und ihre Bezeichnungen befremdlich.

Kann, was früher dem Fegen diente und später dem Schänden, denselben Namen behalten? Kann, was früher ein Getränk enthielt und dann ein Instrument sexualisierter Gewalt wurde, immer noch »Colaflasche« heißen? Kann eine »Speisekarte« jemals wieder eine Menüfolge aus Gerichten bedeuten, wenn sie einmal eine Auswahl an Foltermethoden bezeichnet hat?[28] In dem Schock der Unnahbarkeit der veränderten Welt erinnert alles an den Albdruck aus Franz Kafkas oder E. T. A. Hoffmanns Erzählungen, in denen vormals vertraute Dinge ihre Unschuld ablegen – und keine Schutzzone mehr erhalten bleibt.

Doch nicht nur die Welt wird fremd und bedrohlich, sondern die, die der Gewalt unterworfen werden, laufen »auf Grund«, sie geraten an ihre eigenen Grenzen, man könnte auch sagen: Sie fallen ab von sich selbst, die Gewalt macht »jeden«, wie Simone Weil es in ihren Kommentaren zur Ilias formuliert, »der sie erleidet, zum Ding«.[29]

Um zu verstehen, inwiefern extremes Unrecht und Gewalt die erzählerische Kompetenz von Menschen unterwandern, ist es wichtig, sich den Prozess zu vergegenwärtigen, wie Personen zu »einer Sache« gemacht werden oder was »auf den Grund laufen« heißt.

Unter den Umständen extremer Entrechtung, in der Schutzlosigkeit von Arbeitslagern oder Gefängnissen, werden alle Energien aufs nackte Überleben konzentriert. Geschlagen, frierend oder schwitzend, hungrig, beschmiert mit Dreck oder Kot, verlaust, gedemütigt, zermartert, im dauernden Kampf gegen die Kälte oder die Hitze, die Ohnmacht, reduziert sich die geistige Anstrengung auf ureigenste Bedürfnisse: wo einen Draht herbekommen, mit dem die Schuhe zuzubinden wären, wie Skorpione oder Spinnen fernhalten, wie den Blechnapf beim Latrinengang vor Dieben und Exkrementen schützen, wo noch etwas stehlen, das sich tauschen ließe gegen Essbares, wie der »Sandmännchen«-Methode des Schlafentzugs begegnen,[30] der lauten Beschallung oder der Stille, was dem Wärter anbieten für eine mildere Behandlung, wie die Muskeln spannen bei den Schlägen.

»World, self and voice are lost«, schreibt die amerikanische Philosophin Elaine Scarry über die Wirkungsmacht von Folter, »Welt, Selbst und Stimme gehen verloren«.[31] Schmerz zieht alle Energie an sich. Der Angst gleich, vereinnahmt Schmerz vollständig. So durchdringend, so quälend durchzieht der Schmerz den Körper, dass zwangsläufig alles in seinen Dienst gestellt wird. Alle anderen Bezüge der Person werden untergeordnet: Alle Interessen, alle Sehnsüchte, jede Hinwendung zu Themen oder Menschen verschwinden unter der Kraft der Schmerzen. Die individuellen Züge einer Person werden nach und nach unkenntlich.

Was, wenn dieser Zustand nicht nur ein kurzer Einbruch ist, sondern über Jahre anhält? Wenn es nicht nur eine einmalige Begegnung mit sich selbst als derart reduziertes Wesen gibt? Sondern wenn es Monate oder Jahre dauert, in denen man sich als gedemütigtes, huschendes, gieriges Etwas erlebt? Als jemanden, als die man sich selbst nicht kennt. Beraubt aller vertrauten Zeichen und Gesten, aller eingeübten Neigungen und Eigenschaften. Ein Wesen, das nur noch auf existentielle Bedürfnisse gerichtet ist: Nahrung, Wärme, Schlaf, Notdurft, auf die Vermeidung von Schmerzen, aufs Überleben. Jemand, die geschlagen und vergewaltigt wird, die nicht mehr aufbegehren, sich nicht verteidigen kann.

Der Schrecken über das veränderte Selbst verbirgt sich auch hinter Primo Levis Titelfrage: »Ist das ein Mensch?« Zunächst scheint es naheliegend, dass sich darin der Zweifel an der Humanität der Täter artikuliert.

Ist das ein Mensch, der andere quält und misshandelt? Ist das ein Mensch, der in einem Moment andere, ohne zu zögern, schlagen oder töten kann, um im nächsten Moment die Inventionen von Bach zu spielen? Aber überraschenderweise stellt Levi das ganze Buch hindurch auch eine andere, viel beunruhigendere Frage: Ist das ein Mensch, der Schuhe und Essen von seinen Kameraden stiehlt? Ist das ein Mensch, der zu träumen verlernt hat, der über nichts als die nächste Mahlzeit mehr nachdenkt, der schweigt angesichts der Folter der anderen?

Hier, »auf dem Grund«, lässt sich der Kern der Sprachlosigkeit entdecken: Wie sollte jemand unter diesen Umständen, der Welt und sich selbst entfremdet, auf eine bloße Sache reduziert, eine Sprache finden?

Robert Antelme schreibt: »Ich werde mich erinnern, dass man zu Hause mit mir sprach. Es kam tatsächlich vor, dass man an mich allein das Wort richtete.«[32] Die Erfahrung des Sprechens, das das Gegenüber wahrnimmt, das Personen zueinander in Bezug setzt, ist Antelme in der Gefangenschaft abhandengekommen.

Die einen äußern nur Befehle und Anordnungen ohne individuellen Adressaten. Sie richten sich ans Kollektiv. Eine Rede, die keine Anrede ist, weil sie keine Antwort gestattet. Eine Ansprache, die zugleich Gesprächsverweigerung ist. Die anderen müssen schweigsam gehorchen, zum Reden untereinander sind sie oftmals zu ängstlich oder zu erschöpft.

Wer wollte auch sprechen, wenn ein falsches Wort Hiebe und Erniedrigung bedeuten könnte? Wer wollte sprechen, wenn man stattdessen auch schlafen könnte? Die Individualität wird nicht nur durch die einheitlichen Frisuren, die uniforme Kleidung, die allgemeine Namenlosigkeit verweigert, sondern auch durch die fehlenden Gespräche, in denen man als einzelner Mensch auftreten könnte. Es scheint eigentlich nur Gründe gegen das Sprechen zu geben: die schiere Erschöpfung, die Kraft, die es kostete, die Überwindung der Angst, aber auch schlicht die verlorene Übung des Sprechens, und, letztlich, das Gefühl der verlorenen Subjektivität.

Wie »ich« sagen? Als wer? Zu wem?

Wer sich selbst nur noch als Objekt der Willkür anderer erfährt, wer zu eigenständigem Handeln nicht mehr in der Lage ist, wer sich jeder subjektiven Wahl beraubt erlebt – dem erscheint das Sprechen, das sich an einen anderen richtet, nahezu unwirklich.[33]

Als sprachliche Wesen, die sich dialogisch, im »Bezugsgewebe menschlicher Angelegenheiten«, wie Hannah Arendt das nennt,[34] also im Gespräch und in der Verständigung mit und durch andere begreifen, sind wir abhängig davon, dass wir als Individuum von anderen bestätigt werden. Unser Selbstbewusstsein bildet sich nicht allein und in Einsamkeit heraus, sondern im Austausch und in Gemeinschaft mit anderen.[35] Es geht noch nicht einmal um menschliche Würde, die nur mit und durch andere anerkannt werden kann, sondern schon für das bloße Bewusstsein und Verständnis des eigenen Ich braucht es ein Gegenüber.[36]

Ohne das Sprechen mit anderen als eine Form des Miteinanders können wir uns weder unserer selbst noch der Welt wirklich gewiss sein. Wir sind abhängig davon, unsere Erfahrungen in eine Geschichte betten zu können. Wie mäandernd sich unser Leben auch seinen Weg bahnt, suchen wir doch danach, den Verlauf in ein Narrativ bringen zu können. Erzählend begradigen wir manchmal nachträglich, was sich holpernd und schlängelnd entwickelt hat, aber wir vollziehen doch vor allem die beabsichtigten wie unbeabsichtigten Bewegungen nach – und zeichnen das Vorgefundene erst aus, geben den Zufällen einen Sinn, den Unfällen eine Bedeutung und uns selbst eine bestimmte Kontur. Manchmal bewirken spätere Erlebnisse eine rückwärtige Umschreibung des früher Erlebten, manchmal schreibt das Wissen um Vergangenes die Erfahrung des Neuen so vor, dass es niemals als Neues, sondern immer nur als bestätigende Wiederholung des Alten gelesen wird.

Aber es ist das Gespräch mit anderen, worin die Kontinuität der eigenen Identität sich beweisen muss, worin sie bestätigt und hinterfragt wird. Erst im Dialog mit anderen wird das Erlebte eigentlich begriffen und zur Erfahrung ausformuliert, durch die Anerkennung oder Abweisung des Gegenübers zeichnen sich die Eigenheiten und Andersartigkeiten, Ähnlichkeit und Verschiedenheit, die Individualität also, erst ab und aus.[37]

Nur in der Auseinandersetzung mit anderen können wir den Faden der personalen Identität aufnehmen und flechten. In dieser Abhängigkeit von anderen, durch die sich die eigene Identität erst findet und immer wieder neu ausrichtet, besteht unsere Verletzbarkeit als sprachliche Wesen.

Im Umfeld extremer Entrechtung, in Gefängnissen und Lagern, wird diese Art des menschlichen Verwobenseins unterbrochen, weil keine Form des Dialogs mehr gestattet ist. Der Alltag besteht aus permanenter Negation der Individualität, ja, die Logik des Terrors scheint ebendas zum Ziel zu haben: in jeder Situation, jeder Geste, jedem Satzfetzen den Häftlingen das Gefühl ihrer Austauschbarkeit zu geben.

So wird die Sprechfähigkeit im Moment der extremen Ausnahmesituation beschränkt: Wem die eigene Menschlichkeit dauernd abgesprochen wird, der weiß auch kaum mehr als Mensch zu sprechen. Und dieser Bruch stellt auch für nachträgliche Erzählungen ein Hemmnis dar.

Wer daran zweifelt, ob es richtig ist, sich selbst noch als Mensch zu bezeichnen, wer sich gedemütigt »zur Sache« hat wandeln sehen, dem verschlägt es nicht nur aus Angst, sondern auch aus Scham die Sprache. Nicht die Sorte Scham, die mit der Pein über eigenes moralisches Versagen zu tun hat, also der Scham, die der Zwilling der Schuld ist. Sondern jene Sorte Scham, die mit der Pein über eigenes Elend zu tun hat, also der Scham, die der

Zwilling der beschädigten Würde ist. Wenn Scham bedeutet, sich dem Blick oder dem Urteil eines anderen ausgeliefert zu sehen, dann lädt das Sprechen über demütigende, verdinglichende Erfahrungen gerade dazu ein, sich selbst im Blick des anderen erneut als gedemütigtes Etwas bestätigt zu finden.

Ruth Klüger, die als Kind die Lager Theresienstadt, Auschwitz und Christianstadt überlebt hat, schreibt in ihren Erinnerungen »weiter leben« über den »Ameisenhaufen Theresienstadt« und wie sie sich schämt, sobald sie jemanden trifft, der oder die ebenfalls in Theresienstadt war, wie sie sich der gemeinsamen Erfahrung schämt: »Ich breche das Gespräch so schnell wie möglich ab (…) wer will schon Ameise gewesen sein.«[38]

4. Verdopplung oder: Rhythmen, Rituale, Gegenstände und Ausbrüche

> »Wenn ich keinen Stift habe,
> denke ich an einen Stift.«
>
> *Liao Yiwu*

In der Folge der Macht- und Diskursanalyse von Michel Foucault ist oft von der »produktiven Disziplinarmacht« die Rede.[39] Darin artikuliert sich die Vorstellung, Machtverhältnisse wirkten nicht allein repressiv, sondern durchdringen Körper und Bewusstsein der unterworfenen Personen so umfassend und vielschichtig, dass von einer regelrechten Herstellung von Subjekten gesprochen werden könne.

Bei Foucault sind es sprachliche und nicht-sprachliche Techniken, die nicht allein den Körper disziplinieren, sondern auch das Bewusstsein einer Person konditionieren. Das Subjekt mitsamt seiner psychischen Innenwelt ist hier bloßer Effekt der produktiven Macht: Seele, Bewusstsein, Gewissen werden durch körperliche, subjektivierende Unterwerfung demnach erst geschaffen.[40] »Der Mensch, von dem man uns spricht und zu dessen Befreiung man uns einlädt, ist bereits in sich das Resultat einer Unterwerfung, die viel tiefer ist als er.«[41]

Liest man die Zeugnisse von Überlebenden extremer Unterdrückungserfahrungen aus den Lagern des 20. oder 21. Jahrhunderts, lässt sich zumindest die Vorstellung der vollständigen Konditionierbarkeit von Menschen bezweifeln. Bei genauerer Betrachtung der Erzählungen von Überlebenden fallen vielmehr – bei aller Erschütterung, aller Verstörung, allem Entsetzen über die Art und Weise, wie sich die eigene Person unter dem Terror verändert – die kleinen Widerstände auf: jene Momente des Trotzdem, in denen das System der Willkür kurz unterwandert wird, in denen sich aufatmen lässt, in denen ein Spalt sich auftut, der etwas von dem früheren Leben oder Selbst durchscheinen lässt.

Herta Müller schreibt über die Wandlung eines Menschen unter extremen Bedingungen: »Man hatte seine Person abgegeben (…) da läuft der Riss dann nicht mehr um die Person herum, sondern mitten durch die Person.«[42]

Dieser Riss markiert einerseits den Verlust eines Teils des Selbst – das, was zur Sache geworden ist, was auf Grund gelaufen ist, gehört einem gleichsam nicht mehr. Aber das Bild von dem Riss mitten durch die Person hindurch lässt eben auch einen anderen Teil einer Person zurück, einen, der gerettet werden kann (und dem für das Überleben eine existentielle Bedeutung zukommt).[43]

Wenn über das Ethos des Erzählens, über die Möglichkeiten des Verstehens und Vermittelns sogenannter »unbeschreiblicher« Erfahrungen nachgedacht werden soll, gilt es, all diesen Zeichen zu folgen, die darauf verweisen, wie Menschen selbst unter extremen Ausnahmesituationen etwas von sich zu schützen wissen, wie sie etwas erhalten von der Person, die sie einmal waren, früher, in einem anderen Leben. Denn es sind diese Momente der Dissidenz, diese Fäden eines früheren Lebens, an die sich später, zuhörend oder erzählend, anknüpfen lässt.

Es können ganz unterschiedliche Instrumente oder Techniken sein, die die eigene Abwehr vor vollkommener Verformung und Versehrung stärken können: ein Rhythmus, der der strukturlosen Willkür des Tages einen Takt gibt; Gewohnheiten und Rituale, die einem allein durch ihre Wiederholung Stabilität schenken; Gegenstände, die an eine andere Welt denken lassen, als Fluchthelfer der Erinnerung oder der Phantasie; und schließlich: Ausbrüche, Momente kurz aufflackernder Gewalttätigkeit oder Sexualität, Kraftakte, mit denen der Körper sich wehrt gegen die Wehrlosigkeit und Vereinzelung.

Rhythmus

In »weiter leben« erzählt Ruth Klüger davon, wie im Lager von Auschwitz-Birkenau Schiller-Balladen zu ihren »Appell-Gedichten« wurden, Verse, die ihr halfen, von der eigenen Schwäche abzulenken, und ihr ermöglichten, stundenlang in der Sonne zu stehen, ohne zusammenzubrechen. Dabei ist es nicht unbedingt der Inhalt der Gedichte, der das junge Mädchen ermutigt oder auch nur beschäftigt. Sondern es ist vor allem die Form der Verse, »die gebundene Sprache«, wie sie es nennt, die stabilisierend wirkt. Die Gedichte verfügen nicht nur über einen eigenen Rhythmus, sie geben auch dem Tag eine Struktur, sie teilen die Stunden ein, sie geben den Takt an, und so wird »jedes Gedicht (…) zum Zauberspruch«.[44]

Primo Levi erzählt, wie er einem Mithäftling, Jean, die italienischen Verse von Dantes »Göttlicher Komödie« ins Französische übersetzt, Zeile um Zeile, erst die italienische Originalversion, dann die in Levis schlechtes Französisch übertragene, die von Jean korrigierte Fassung. Levi beschreibt die Suche nach dem richtigen Wort, über Seiten zieht sich die scheinbar absurde Szene, wie zwei Gefangene im Konzentrationslager auf dem Weg zu einem Kraftwerk über die Feinheiten der Bedeutung einzelner Begriffe rätseln, bis das doppelte Motiv des Geschenks, wie beiläufig, auftaucht: »Jean möchte, dass ich es wiederhole. Wie anständig er ist, er hat gemerkt, dass es mir guttut.«[45] Bei Levi gesellt sich zu der Freude über die Ablenkung, über die stabilisierende Wirkung der gebundenen Sprache der Verse, auch die Geste des Schenkens: Levi schenkt Jean die Verse von Dante, Jean schenkt Levi die Zeit, die er sich lässt, sie zu begreifen, weil er spürt, wie gut es Levi tut, über Worte nachzudenken.

Gewohnheiten, Rituale

In seinem »Tagebuch der Trauer« schreibt Roland Barthes am 18. August 1978: »Die stummen Werte des Alltags teilen (die Küche, die Wohnung, die Kleidung sauber und in Ordnung halten, die Ästhetik und gleichsam die Vergangenheit der Gegenstände bewahren) – das ist meine (stumme) Art, mich mit ihr zu unterhalten. – Und auf diese Art kann ich es, obgleich sie nicht mehr da ist, immer noch tun.«[46]

Was Barthes hier in den Notizen zum Tod seiner Mutter schreibt – an Gewohnheiten festzuhalten, weil sie einen an eine verstorbene Person erinnern und an ein Leben mit dieser Person, das es nicht mehr gibt –, zeigt sich auch in Kontexten der Entrechtung und Gewalt: An etwas festzuhalten, das im früheren Leben üblich war, etwas Alltägliches, Rituelles aufrechtzuerhalten, kann auf »stumme Art« helfen.

Im Frühjahr 1999, als Reporterin während des Kosovo-Krieges, schienen mir die kosovo-albanischen Frauen in den provisorischen Flüchtlingslagern im Norden Albaniens weniger traumatisiert als die Männer. Das ergab keinen Sinn: Manche der kosovarischen Frauen waren vor oder während ihrer Flucht nach Albanien aus den Flüchtlingstrecks gezogen und vergewaltigt worden, es gab verletzte, kranke, verstörte Frauen, sie waren mindestens so sehr Opfer und Zeuginnen von Gewalt und Vertreibung geworden wie ihre Ehemänner und Söhne, ihre Brüder

59

und Väter auch, sie hatten ihre Häuser und ihre vertraute Umgebung im Kosovo verloren – und doch schienen sie gesammelter aus den Kriegswirren hervorgegangen zu sein als die Männer.

Während die Männer meist apathisch auf dem nassen Boden hockten, in sich verkrochen, rauchend, mit abwesendem Blick, ohne einander Beachtung zu schenken oder miteinander zu sprechen, schienen die Frauen ganz bei sich und aktiv zu sein: Sie organisierten Plastikbottiche und Seife, sie schrubbten die wenigen Anziehsachen, die sie auf der Flucht hatten mitnehmen können, wuschen ihre Kinder und versuchten, so gut es ging, Essen aufzutreiben. Vielleicht erklärt das auch schon, warum sie so viel kraftvoller wirken konnten – sie taten, was sie zuvor auch getan hatten: einen Haushalt führen, eine Familie versorgen, sie konnten sich, selbst in dem dreckigen, ausufernden Flüchtlingslager von Kukës, an ihren gewohnten Tätigkeiten festhalten. Die vertriebenen Männer hingegen, vielfach Bauern, waren nicht nur entwurzelt, sondern mit ihrem Land hatten sie auch ihre gewohnte Arbeit, ihren ritualisierten Alltag verloren.

Etwas tun zu können, irgendetwas, sich im Radius der Ohnmacht der eigenen Handlungsfähigkeit zu versichern, gehört zu den Momenten der Dissidenz. Was von außen betrachtet manchmal grotesk, absurd oder sinnlos erscheint: das Festhalten an Standards, die nicht mehr aufrechterhalten werden können, das Bestehen auf Ordnung oder Sauberkeit, Tätigkeiten, die seltsam unwirklich anmuten im Kontext von extremen Ausnahmesituationen, helfen, weil sie den Eindruck des Normalen vermitteln.

Primo Levi erzählt, dass ihm das tägliche Waschen in Auschwitz wie überflüssige Kraftverschwendung vorgekommen sei. Wozu sollte er in diesem Elend noch versuchen, seinen malträtierten Körper zu reinigen? Hygiene konnte für Levi unter diesen Umständen nichts als eine weitere teutonische Schikane sein, bis ihm Steinlauf, ein erfahrener ungarischer Gefangener, riet, sich aller Nutzlosigkeit zum Trotz dem täglichen Ritual zu unterziehen: »Um zu überleben«, sagt Steinlauf, »müssen wir uns zwingen, zumindest das Skelett, das Gerüst, die Form der Zivilisation zu retten.«[47]

In Haiti, einige Wochen nach dem verheerenden Erdbeben vom 13. Januar 2010, durch das 230 000 Menschen starben und 1,3 Millionen Haitianer zwischen der Hauptstadt Port-au-Prince und Léogâne obdachlos wurden, gab es Ähnliches zu beobachten, was, auf den ersten Blick, unverständlich und absurd erscheinen konnte. Zwischen den Trümmern der zerstörten Gebäude, inmitten von Geröll aus ehemaligen Schlafzimmern und Küchen, saßen vereinzelt Menschen und klopften mit einem Hammer auf einem verbogenen Stück Metall herum. Wozu? Inmitten ganzer Landschaften aus Schutt und Verwüstung, in Nachbarschaften, in denen keine Straße unbeschädigt geblieben war, was hämmerten sie da auf einem einzelnen krummen Ding herum? Es brauchte Räumfahrzeuge, Bagger, Lastwagen, die die unbewohnbaren Gegenden nach und nach abtragen würden, bevor auch nur an den Wiederaufbau oder die Reparatur der Häuser gedacht werden konnte.

Es schien dasselbe zu sein, was Steinlauf gemeint hatte: Um das Skelett der Zivilisation zu retten, braucht es das Festhalten an Gewohnheiten, an Praktiken, die die eigene Möglichkeit, etwas zu gestalten, zumindest behaupten: sich zu waschen, auch wenn der ganze Körper kurze Zeit später durch das Schleppen von Kohlesäcken wieder ver- dreckt ist; ein Stück Metall aus dem Schutt zu ziehen und es zu bearbeiten, auch wenn ringsherum noch Tod und Verwüstung herrschen; sich mit einem eleganten Hut den Kopf zu bedecken und mit einem feinen Kleid in das Wohnzimmer der Schwägerin zu setzen, das es nicht mehr gibt, weil es die Wände nicht mehr gibt, die es einmal begrenzten, weil es das ganze Haus nicht mehr gibt, in dem die Schwägerin einmal lebte, weil es die Schwägerin nicht mehr gibt, die noch unter den Trümmern liegt, weil dies nun einmal eine Form des Trauerns ist, die sich gehört, selbst wenn hier so viele Leichen unbeerdigt bleiben, selbst wenn hier so viele Menschen gestorben sind, dass es un- möglich scheint, um alle angemessen zu trauern.[48]

Gegenstände

Schon wer nur einmal eine Weile im Krankenhaus zubrin- gen musste, in dieser offen-geschlossenen Welt, wer auf dem Flur warten musste auf das Ende einer Operation eines geliebten Menschen, wer im Krankenbett ausharren musste, dem ist vermutlich die Bedeutung von Dingen geläufig. Wir schreiben in Zuständen der Ohnmacht, auch in weniger extremen Situationen als denen des Gulags oder des Lagers, Objekten eine beruhigende, versöhnende Kraft zu.

»Ich glaube, das kennzeichnet uns alle«, sagt Herta Müller in einem Gespräch, »wir definieren uns über Gegenstände.«[49] Wenn wir zu Hause sind, dann umgeben uns die Gegenstände, die uns wichtig sind, sie scheinen uns noch nicht einmal etwas Besonderes zu sein. Sie gehören zu uns. Aber auf Reisen, in der Fremde, in ungewohnten Gegenden und besonders auf der Flucht oder in Gefangenschaft, wenn wir das, was uns definiert, verloren haben, dann können einzelne Dinge zu Talismanen werden.

Es sind Objekte, die in der Fremde auf die Heimat verweisen, es sind Gegenstände, die die eigene Geschichte in sich zu bergen scheinen in Kontexten, in denen alles Eigene verboten ist, die die eigene Person bestätigen in Umfeldern, in denen Individuelles verloren ist. »Ohne private Gegenstände (…) ist man nicht nur ein Ich-habe-nichts, sondern auch ein Ich-bin-nichts.«[50]

Es kann ein Grammophonkästchen sein, wie bei Oskar Pastior, das nun im Lager die wenigen Besitztümer in sich fasst, es kann eine Murmel sein, so klein, dass sie hilft, die Gedanken und den Blick zu fokussieren, weg von den Bildern des Tages, es kann ein altes Ding sein, das eine magische Kraft entfaltet wegen der unversehrten Vergangenheit, die damit evoziert wird, oder ein neuer Gegenstand, der Energie spendet wegen der hoffnungsvollen Zukunft, die er verspricht.

Ob die kurdischen Flüchtlinge im Nordirak, die unter Saddam Hussein im Zuge der »Arabisierungskampagne« aus ihren Dörfern um Kirkuk vertrieben worden waren, ob die serbischen Flüchtlinge im Kosovo, die nach dem Krieg vor den Racheakten der kosovo-albanischen Bevölkerung in abgeschottete Enklaven geflohen waren, ob die haitianischen Erdbeben-Opfer, die in zusammengeklaubten Wellblech-Plastik-Holzverschlägen hausten, fast alle hüteten und beschützten sie einen Gegenstand, manchmal in einer Plastiktüte eingewickelt und an die Wand geheftet, damit er beim nächsten Regen, beim nächsten Aufbruch, beim nächsten Angriff geschützt wäre. Manchmal sind es nützliche Dinge: wie die Besitzurkunde des Stücks Land, das einem enteignet wurde;[51] manchmal unnütze Dinge: wie das Hausnummernschild, das einmal den Eingang des Hauses in New Orleans zierte, bevor die Fluten von »Katrina« es wegrissen.[52]

Alle diese Beispiele von Rhythmen, Ritualen und Gegenständen verweisen auf Lücken und Brechungen der Wirkungsmacht der Gewalt. So nötig es ist, auf die schweren Traumatisierungen in der Folge von Misshandlung und Missachtung in extremen Gewalt- und Gefangenensituationen hinzuweisen, wie Menschen unter solchen Umständen psychisch und physisch verwandelt und beschädigt werden, so unverzichtbar ist es auch, auf unterschiedliche Fähigkeiten und Möglichkeiten der Dissidenz hinzuweisen.

Psychoanalytische Interpreten sprechen von unterschiedlichen Adaptions- oder »Coping«-Fähigkeiten der Menschen, die solche Ausnahmesituationen überlebt haben.[53] Die Strategien der Resistenz gegen die totale Vermachtung und Entrechtung sind vielfältig: Manche versuchen, ihren Narzissmus aufrechtzuerhalten, manche bemühen sich um andere Menschen, suchen soziale Unterstützung im Lager – was oft (besonders bei Kindern, aber nicht nur) zu Paarbildungen führt.[54] Vor allem aber helfen anscheinend alle Mechanismen der Erinnerung oder der Verbindung mit der Zeit *vor* der Verfolgung und Gefangennahme. Alle Techniken: Praktiken oder Überzeugungen, die das frühere Zuhause auch unter extremen Ausnahmesituationen evozieren, erlauben dem Menschen, sich gleichsam zu »verdoppeln«.

Ob es Gegenstände sind oder Rituale, die anknüpfen an das Leben und die Person, die man einmal war, und die einem erlauben, eine Kontinuität zu bewahren, die an solchen Orten unterbrochen werden soll, sie erlauben ein Leben diesseits und jenseits des »Risses«. Es kann die Erinnerung an eine vergangene Welt sein oder der Glaube an eine zukünftige, es kann das Festhalten an dem sein, was war, oder die Hoffnung auf das, was sein wird, solange es Praktiken und Überzeugungen sind, die etwas verdoppeln und so die Gegenwart überschreiten helfen.

Das Entführungsopfer Natascha Kampusch spricht von einer ebensolchen Form der Dopplung der eigenen Existenz: Sie ertrug, nach eigener Auskunft, die Leiden des Eingeschlossenseins, indem das damals zehnjährige Kind Natascha »einen Pakt« mit seinem »späteren Ich« abschloss.[55] Sie überlebte ihre gespenstische Kindheit in der Gefangenschaft in dem Glauben an das Versprechen, das ihr stärkeres, erwachsenes Ich dem wehrlosen Kind imaginär gegeben hatte: dass es sie befreien werde.

Zum anderen ertrug sie die beschränkte Existenz in der erzwungenen Zweisamkeit mit einem erwachsenen, fremden Mann – bar jeder Kontakte zu Gleichaltrigen, ohne die typischen pubertären Freuden und Irrtümer einer Gemeinschaft –, indem sie sich in die eigene intellektuelle Ausbildung stürzte. Dies war die ihr einzig mögliche Form der Überschreitung des eingeschränkten Lebens, die rettende Transzendenz. Und zugleich die gedankliche Verbindung zur Welt da draußen. Nur die Lektüre vorher zensierter Texte und das Verfolgen der Nachrichten via Radio erlaubten dem weggesperrten Kind die Teilhabe an einer Welt, an der es nicht teilhaben durfte.

Wer über die sprachbegabte, selbstbewusste junge Frau staunt, die aus den Jahren der Gefangenschaft seltsam autark hervorgegangen zu sein schien, muss sich mit den Teilen ihrer Persönlichkeit und ihrer Erfahrung beschäftigen, die sich kontinuierlich entwickeln durften, die gleichsam unterhalb oder jenseits der Eingeschlossenheit durchschlüpften.

Jean Améry schreibt: »Ich wollte nicht zu ihnen gehören, den gläubigen Kameraden, aber ich hätte mir gewünscht zu sein wie sie, unerschütterlich, ruhig, stark. (…) Der im weitesten Sinne gläubige Mensch, sei sein Glaube ein metaphysischer oder ein immanenzgebundener, überschreitet sich selbst. Er ist nicht der Gefangene seiner Individualität, sondern gehört einem geistigen Kontinuum an, das nirgends, auch in Auschwitz nicht, unterbrochen wird.«[56]

Da eine andere parallele oder versprochene Welt unversehrt bleibt, können diese Personen zumindest ihr Vertrauen in *eine* Welt erhalten.

Der Irrsinn der Tortur um sie herum dringt somit nicht in alle ihre Lebensbereiche ein. Selbst im Zustand der Unterworfenheit unter eine wahnsinnige Ordnung erhalten sie sich eine andere Ordnung aufrecht. Weil der »im weitesten Sinne gläubige Mensch sich selbst überschreitet«, transzendiert er in gewissem Maße auch jene ihn umgebende Macht, die seine Vorgeschichte, seinen Glauben, seine gesamte individuelle Existenz vernichten will. Es bleibt ein innerer Raum, unerschüttert durch Schmerz, Unrecht und Krankheit, die Person desintegriert nicht vollständig unter der zersetzenden Qual. Verwurzelt in einer anderen Werteordnung als der bestehenden – oder darauf ausgerichtet –, bleibt die Person Teil einer geistigen Gemeinschaft, die sich nicht dissoziieren lässt.

Diese Gabe, aus der Realität gleichsam auszuscheren und sich in eine andere zu denken, sich zu verdoppeln, hilft im

Moment der Entrechtung und Unterdrückung, aber auch (denen, die dem Schrecken entkommen und überleben) in der Zeit danach.[57] Weil es etwas gab, das sich durch die ganze Lebenszeit hindurchgezogen hat, etwas, das intakt geblieben ist und an das sich, erzählend, anknüpfen lässt.

Es mag leichtfallen, diese Augenblicke der Dissidenz zu übersehen. Sie nehmen sich bescheiden aus angesichts der Übermacht der Gewalt und des dominanten Gefühls der Entrechtung und Ohnmacht. Aber wer über die Bedingungen des Erzählens trotz allem nachdenkt, wer, als Überlebende oder Nachgeborene, diesen Erfahrungen der Misshandlung und Entrechtung etwas entgegensetzen will, der bietet sich in diesen Widerständigkeiten ein Anknüpfungspunkt des Erinnerns und des Erzählens, des Zuhörens und des Nachfragens. Wem die Trauer oder die Scham die Sprache verschlägt, wer Angst hat vor der Erinnerung an die Zeit der Verstörung, wer nicht weiß, wo beginnen, mit was, mit welchen Worten das Unsägliche beschreiben, der hilft es mitunter, sich an die Dinge zu erinnern, die dabei waren, das Grammophonkästchen oder das Hausschild, der hilft es mitunter, nach den Versen zu fragen, die rezitiert wurden beim Appellstehen, nach Ritualen, unsinnigen, absurden Gewohnheiten, die beim Überleben halfen.

Neben all diesen Strategien der Abwehr gibt es noch andere Formen der Dissidenz, die weniger beachtet sind, vielleicht weil sie weniger diskret daherkommen als das Zitieren von Versen, vielleicht weil sie weniger mit Stolz besetzt sind als das Festhalten an einer religiösen oder politischen Überzeugung, vielleicht weil es sich in der eigenen Kultur nicht schickt, darüber zu sprechen. Aber sie gehören dazu, wenn von Mechanismen die Rede ist, die helfen können, sich dem Zugriff von Macht und Gewalt, zumindest punktuell, zu entziehen: Gegen-Gewalt und Sexualität.

Ausbrüche

Der Schriftsteller und Dissident Liao Yiwu erzählt in seinem Bericht über seine vier Jahre während Haft in chinesischen Untersuchungsgefängnissen und im Umerziehungslager auch von körperlichen Ausbrüchen. Liao prügelt sich, um sich gegen die sadistischen Spiele und Quälereien der hierarchisierten Häftlingsgesellschaft zu wehren, er prügelt sich, um sich der Gewalt der Wächter zu widersetzen, er prügelt sich zum Zeitvertreib, zur Ablenkung von der Monotonie des Alltags, er prügelt sich, um sich selbst zu spüren, aus Widerstand gegen die Staatsgewalt, gegen die Angst vor dem, was er als Blamage empfindet. »Verdammte Scheiße, ich hätte nicht gedacht, dass ich schon beim ersten Schlag zu Boden gehen würde«, schreibt Liao über die Ankunft im Untersuchungsgefängnis und die Leibesvisitation, die er über sich ergehen lassen muss: »Diesen Augenblick der Naivität und der Schwäche habe ich lange Jahre bereut. Ich zog meinen Körper (…) zusammen und machte mich immer kleiner, ich dachte, auf diese Weise würde die junge Hure in der ersten Nacht unbeschadet bleiben.«[58]

Sie tauchen seltener auf, die Berichte von physischer Gegenwehr, von Schlägereien aus Wut und Verzweiflung. In den Erzählungen der entlassenen ehemaligen Häftlinge aus Guantánamo beispielsweise dominieren die Beschreibungen, wie vor allem die Freundschaften untereinander, über die Käfige hinweg, und die Lektüre des Koran halfen, die Gefangenschaft zu ertragen.[59] Murat Kurnaz berichtet, wie er sich über die Iguanas freute, die ihn im Camp X-Ray auf Guantánamo besuchten, und wie er etwas von seinem Toast aufhob, um ihnen das Brot, zu Krümeln gerollt, durch die Maschen des Käfigs zu schnippen.[60]

Aber ähnlich wie Liao beschreibt auch Kurnaz die seltenen Gelegenheiten der physischen Ausbrüche und welcher Stolz darin liegen kann, einmal, nur einmal zurückzuschlagen. »Meine Handgelenke bluteten schon, aber das war mir jetzt egal. Ich wollte ihm zeigen, dass ich ihn fertigmachen konnte, ob mit oder ohne Handschellen.«[61] Selbst die Gewalt gegen sich selbst, die Selbstmordversuche, von denen überlebende ehemalige Häftlinge berichten, zählen als letzte Akte des Widerstands, als ultimativer Triumph über das System der Entrechtung: das Einzige einzusetzen, was einem noch nicht genommen ist, das Leben.

Warum davon so selten erzählt wird? Vermutlich, weil es auch selten gelingen konnte, sich körperlich zu wehren. Vermutlich, weil die Strafen die Akte der Gegen-Gewalt bei weitem überstiegen. Vielleicht auch, weil es schwer ist, denen, die keine Zeit in einem solchen Lager durchlitten haben, zu vermitteln, wie würdevoll eine Schlägerei sein kann, wie mutig ein Selbstmordversuch.

Gewiss spielt auch die Furcht, missverstanden zu werden, eine Rolle. Welche Bilder und Zuschreibungen, welche Ressentiments und Vorurteile kursieren in der Öffentlichkeit, gegen die man ansprechen müsste? Welche politische Propaganda hat Geschichten über die eigene ethnische, kulturelle oder sexuelle Minderheit erfunden? Wie wurde die Misshandlung in der Öffentlichkeit gerechtfertigt? Liefern Geschichten über solche Ausbrüche nicht nachträgliche Gründe für die Haft?

Im Falle der Guantánamo-Häftlinge, die mit dem Stigma des »Terroristen« auch lange nach ihrer Freilassung noch leben müssen, führt die Angst vor dem Unwissen und der Gleichgültigkeit in der Öffentlichkeit zum Verschweigen solcher Ausbrüche. Wer einmal mit dem Verdacht, Terrorist zu sein, belegt war, wer jahrelang verschleppt und eingesperrt, wer gequält und gefoltert wurde, ohne rechtsstaatliches Verfahren, ohne Gerichtsprozess, wer einmal erlebt hat, was es heißt, als »illegaler Kombattant« im menschenrechtlichen Niemandsland gelandet zu sein, der zögert vermutlich, auch nur irgendeinen Hinweis auf eigene Akte der Gewalt zu geben. Selbst wenn sie winzige Momente der Selbstverteidigung darstellen in einem ganzen System aus Willkür und Gewalt.

Die Lücken der Erzählung haben nicht nur mit der Traumatisierung der Opfer zu tun, nicht nur mit der Tiefe ihrer
Versehrung, sondern auch mit der Gesellschaft, in die hinein gesprochen wird, dem Adressaten ihrer Geschichten:
mit uns.

Die Beschreibung von Sexualität in extremen Ausnahmesituationen, ob in Gefängnissen, im Flüchtlingslager oder
anderen Kontexten der Entrechtung und Gewalt, bleibt oft
eine erzählerische Leerstelle. Wir erfahren von widerlichs-
ten Techniken der Folter von Menschen, von entwürdi-
genden Demütigungen des weiblichen und männlichen
Körpers, von Zuständen, die den Menschen keinerlei
Intimität oder Persönlichkeit mehr zugestehen, wir erfahren von den Gesten der Freundschaft, den Momenten der
Dissidenz – aber über Erotik erfahren wir sehr wenig. Das
mag daran liegen, dass Scham historisch und kulturell
unterschiedlich geprägt ist. Was als schicklich, was als
unschicklich, peinlich oder indiskret gilt, variiert. Es mag
auch daran liegen, dass Intimität als seltenes Gut zählt in
Zeiten der Entrechtung und der Haft, wo nichts Privates
gestattet ist. Und deswegen auch anschließend diese Intimität durch Schweigen geschützt wird. Bei aller Pflicht,
Zeugnis abzulegen über »dies«, ist die Sexualität, die frei-
willige, oft beschwiegen worden.[62]

Bei der Sexualität scheint es zumindest ambivalent, sie
unter die Möglichkeiten der Abwehr und des Widerstands
zu kategorisieren. Anders als die zuvor genannten Instrumente der Ablenkung und der »Coping-Strategien« lässt

sich bei der Sexualität in Ausnahmesituationen nicht so leicht behaupten, dass sie dem Einzelnen ermöglicht, sich zu »verdoppeln«. Die Sexualität im Gefängnis oder im Lager hat oft nicht viel mit der Erotik aus dem früheren Leben zu tun. Zu verkümmert, zu einsam sind dafür die Formen der Sexualität, von denen hier erzählt wird.

Wenn Liao Yiwu beschreibt, wie sich die Häftlinge im Gefängnis selbst befriedigen, dann bleibt offen, ob da aus Lust masturbiert wird oder aus Verzweiflung. Im Kontext der dreckigen, überfüllten Zellen hat Sexualität nichts Intimes, Zweisames mehr: Wenn Liao von kollektivem Masturbieren berichtet, von dem Ekel, der ihn erfüllte, wenn der Mitgefangene über ihm im Etagenbett das ganze Gestell zum Beben brachte, dann klingt Sexualität vor allem nach körperlichen Ausbrüchen aus einem Alltag, in dem der Körper niemals unkontrolliert und frei sein darf.

Aber zwischen den eher groben Beschreibungen der Selbstbefriedigung (und den furchtbaren Details der sexuellen Gewalt und des Missbrauchs, mit denen in der Klassengesellschaft der Gefangenen die Höherstehenden die Niederrangigen quälen und nötigen) tauchen auch, beinahe versteckt, Spuren von überraschender Zartheit und Lust auf. Als Liao von den Misshandlungen eines jüngeren, schwächeren Gefangenen berichtet, schiebt sich in die Quälerei eines Jungen (»sie haben ihm das Gesicht blutig geschlagen«) in einen Nebensatz der Grund für die Gewalt (»weil er mir geholfen hat, die Hose aufzumachen und mein Gerät herauszuholen«[63]), eine Geste der Fürsorge vielleicht oder eine Geste der Lust, das bleibt nur angedeutet. Vielleicht weil es ein Eingeständnis homoerotischen Begehrens wäre. Vielleicht weil es in dieser Passage weniger um die Zärtlichkeit als mehr um die Brutalität und das System der Vereinzelung ging, das im Gefängnis jede Nähe, jede Freundschaft, jede Liebe sanktionierte.

Es gibt eine weitere solche Szene, in der sich Sexualität und Fürsorge mischen, auch hier taucht sie beiläufig auf, ohne Kommentar, durch den sich die Situation deuten ließe. Liao Yiwu erzählt, wie er einen älteren Zellennachbarn, den zum Tode Verurteilten Lan, dabei beobachtet, wie der morgens ejakuliert und sich auf diese Weise seine Unterhose benässt. Er »schob schamvoll das Teil zur Seite, ich eilte, ihm zu helfen«. Lan wehrt erst ab, »zu schmutzig«, der Jüngere reicht dem Älteren Papier, damit er sich reinigen und beruhigen kann. »Aber erst als er eine frische Hose angezogen hatte, zog er sich (…) zurück, schloss die Augen und entspannte sich.«[64]

Diese sanften Momente der Fürsorge stehen in Kontrast zu dem sonst beschriebenen Alltag der Schikane, Quälerei und Isolation. Es mag hermeneutische Vorsicht geboten sein, hier, in diese wenigen Hinweise, in diese eher trostlosen Sequenzen etwas wie leidenschaftliche Sexualität hineinlesen zu wollen. Aber bei aller Lückenhaftigkeit, aller Traurigkeit, die immer auch anklingt in diesen Zeilen, verweisen sie doch auf Berührungen, zärtliche, nicht gewalttätige, intime, nicht ausgestellte Momente der Nähe.

Sie gehören erwähnt, weil diese Berührungen unter den Häftlingen so unwahrscheinlich, so unerwünscht, so subversiv sind wie die Prügeleien mit den Wärtern. Sie konterkarieren die Vorstellung der vollständigen Durchdringung des Individuums durch disziplinierende oder produktive Macht. Sie belegen, dass Menschen, auch in Kontexten extremer Ausnahmesituationen, nicht einfach zur »biopolitischen Substanz« werden.[65] Denn diese Berührungen, diese angedeuteten Formen von Sexualität öffnen, für einen kurzen Augenblick zumindest, die vereinzelten Opfer von Willkür und Gewalt hin zu einem anderen, sie brechen die Logik der Vereinzelung.[66]

Es ist, als ob die entstellte Fratze aus dem Bacon'schen »Head 1« wieder Augen hätte und andere wahrnehmen könnte.

5. Verlassen oder: Die Zeit der Stille

> »Anger is a bitter lock
> but you can turn it.«
> *Anne Carson*

Und dann gibt es jene, die nicht sprechen.

Die ihre Erfahrung mit Gewalt oder Entrechtung in sich einschließen, oder, andersherum, die von einer Erfahrung mit Gewalt und Entrechtung eingeschlossen werden. Die schweigen. Weil sie nicht sprechen können oder wollen, weil sie keine Worte finden oder niemanden, der sie hören will – weil die Erlebnisse unsäglich sind, unaussprechlich?

Warum schweigen sie? Wer sich nach einer solchen Erfahrung nach Stille sehnt, wer sich als Überlebender scheut, die schmerzhaften Erinnerungen wieder hervorzuholen, dem gebührt Respekt. Nach den Gründen für das Schweigen zu fragen heißt nicht, es nicht zu akzeptieren.

Im Gegenteil. Es geht vielmehr darum, die Sprachlosigkeit nachzuvollziehen, um zu fragen, ob das Schweigen auch etwas mit uns, den Verschonten und Nachgeborenen, zu tun haben könnte. Ob das Schweigen die Opfer schützt, die Täter oder uns, die Gesellschaft, in der sie leben. Und ob es an uns ist, an das Sagbare zu glauben und es so vielleicht auch zu ermöglichen.

Die Frage nach den Gründen für das Schweigen ist elementar, denn je nachdem, wo die Ursache verortet wird: In der extremen Ausnahmesituation, in der traumatisierten Person oder / und auch in der Gesellschaft, die diese Gewalt erst zugelassen hat und die sich nun dazu verhalten muss – verändert sich auch die Aufgabe der Zeugenschaft. Das Schweigen als unveränderlich zu behaupten, Opfer von extremer Gewalt als reduziert auf das »nackte Leben« zu bezeichnen, bestimmte Ereignisse als »unbeschreibliche« zu deklarieren mag der wohlmeinenden Perspektive geschuldet sein, die Schwere der Traumatisierung der Opfer anzuerkennen. Aber die Position lenkt damit immer auch von der Frage ab, ob es nicht eventuell auch soziale, gesellschaftliche Faktoren sind, die das Schweigen befördern und das Erzählen behindern.

Der amerikanische Psychoanalytiker Dori Laub formuliert die Vorstellung des Unbeschreiblichen am radikalsten, indem er von der Shoah als »dem Ereignis ohne Zeugen« spricht.[67] Das ist insofern verstörend, als der, der das schreibt, Dori Laub, nicht nur selbst als Kind den Holocaust überlebt hat, sondern auch als Mitgründer des »Fortunoff Video Archive for Holocaust Testimonies« an der Yale University zahlreiche Interviews mit Überlebenden geführt hat – Zeuginnen und Zeugen ebenjenes Ereignisses, das, wie er nun argumentiert, keine Zeugen kennte.

Dori Laub schreibt – ähnlich wie Lyotard, Derrida und
Agamben – gegen all jene an, die die Aussagen von Überlebenden des Holocaust unter dem epistemischen Ge-
sichtspunkt der Beweiskraft zu relativieren (oder zu leugnen) versuchen. Für Laub besteht die Besonderheit des
Holocaust nicht nur darin, dass die Politik der Vernichtung eben darauf abzielte, potentielle Zeugen des Mas-
senmords zu eliminieren, also keine Überlebenden zu-
zulassen. Für Laub liegt auch in der nicht verstehbaren
psychologischen Struktur des Verbrechens der Grund
dafür, dass dieses Ereignis verständliche Zeugenschaft
verunmöglichte.[68]

Wenn aber das Ereignis, von dem zu erzählen ist, in sich
eine nicht verstehbare Struktur aufweist, warum sucht
Laub dann nicht nach ebendieser Struktur in den Erzählungen der Überlebenden? Warum soll die Darstellung
einer Welt, die aus den Fugen ist, nicht ebendiese Verstörung spiegeln? Warum, so lässt sich einwenden, wertet
dann Laub die brüchigen, vielleicht verstört klingenden
Beschreibungen der Überlebenden nicht als angemessene Repräsentationen einer zerbrochenen, verstörten
Welt?

Die erwähnten »nagelneuen Schuhe« des gefolterten
Flüchtlings Adem waren eben *nicht* Ausdruck der Unmöglichkeit der Zeugenschaft. Gerade das, was verwirrt klang,
was sich nicht einreihen ließ, was nicht verstehbar schien
im ersten Moment, erwies sich als durchaus vernünftige
Form, sich dem Gegenüber als mehr als nur als Opfer zu

präsentieren. Die nagelneuen Schuhe, die mich als Zuhörerin verwirrten, waren nicht Symptom der Verwirrung des Erzählers, sondern seine Strategie, die Struktur des Unverständlichen abzubilden.

Dabei unterscheidet Laub, durchaus nützlich, drei verschiedene Sorten Zeugen: die »Innen-Zeugen«, die selbst ein Ereignis durchlitten haben, die Überlebens-Zeugen, sodann diejenigen, die er als »Außenseiter-Zeugen« bezeichnet, die Nachbarn, die Polizei, die Bahnschaffner, alle Zuschauer im In- und Ausland, und schließlich auch diejenigen, die die Berichte der Überlebenden anhören.

Laub beschreibt die Schwierigkeiten der Geretteten, von den schrecklichen Erfahrungen zu sprechen, er beschreibt auch die Schwierigkeiten, diese Erzählungen als Zuhörer angemessen aufzunehmen, und denunziert doch all diese Versuche und Varianten des Erzählens als unmöglich.

Zeugenschaft scheint für Laub nur dann legitim und wahrhaftig zu sein, wenn sie sowohl über genügend inneres Wissen des Geschehens verfügt, um das Ereignis zutreffend darzustellen, als auch über genügend Distanz zu dem Geschehen, um eine intelligible, unberührte Beschreibung zu geben. So formuliert, stellt vermutlich jede extreme Gewalterfahrung ein Paradoxon der Zeugenschaft dar. Wie soll, wer das schreckliche Geschehen durchlitten hat, eine *unbeteiligte* Version abliefern können? Wie soll, wer das Geschehen mit verschuldet oder zumindest nicht verhindert hat (ein Zeuge aus dem Inneren der Erste, ein

WEIL ES SAGBAR IST

Außenseiter und Zuschauer der Zweite) ein glaubwürdiges Zeugnis ablegen?

Der italienische Philosoph Giorgio Agamben richtet sich, ähnlich wie Laub, gegen die bloße Reduktion des Zeugnisses auf die Frage des juristisch überprüfbaren Wahrheitsanspruchs. Wenn die Zeugnisse von Überlebenden nur in ihrer Funktion als Beweis wahrgenommen (oder als nicht hinreichende Wissensquellen diskreditiert) würden, blieben die ethischen Dimensionen der Zeugenschaft, des Erzählens wie des Zuhörens, unbeachtet.[69]

Agamben diskutiert die Bedingungen der Zeugenschaft an der Figur des »Muselmanns«, jener Menschen in den Konzentrationslagern, die vor lauter Unterernährung in einen Zustand der Apathie verfallen waren, so dass sie kaum mehr ansprechbar, kaum menschlich schienen. Sie waren vor Hunger »ohne Bewusstseinsraum«, ein »wandelnder Leichnam«, der nur noch dahinzuvegetieren schien.[70] Für Agamben taugt der »Muselmann« vor allem als Beispiel für das, was er die »biopolitische Substanz«, eine ihrer Menschlichkeit entzogene Person, nennt.

Der so verstandene »Muselmann« stellt für Agamben ein exemplarisches Problem der Zeugenschaft dar, weil über diese Perspektive auf die Zerstörung eines Menschen im Lager nicht gesprochen werden könne. »Im Muselmann wollte die Biomacht (...) ein von jeder Möglichkeit des Zeugnisses getrenntes Überleben (schaffen).«[71] Die Muselmänner bleiben in dieser Vorstellung auf immer versehrt und isoliert. Diejenigen, die einmal nur Gespenster ihrer selbst waren, sind auch als Überlebende beschädigt, weil sie gefangen bleiben in dem Widerspruch, als Menschen sprechen zu sollen für ein entmenschlichtes Wesen.

So markiert der Muselmann den Kern der Aporie des Zeugnisses, weil diese Figur zwischen Leben und Tod, zwischen Mensch und Nicht-Mensch, einem anderen den Auftrag gibt, eine Sprache für den zu finden, der nicht mehr sprechen kann.[72] Agamben erhält so die ethische Bedeutung der Zeugenschaft: indem er aus der Figur des Muselmanns nicht Auschwitz als »Ereignis ohne einen Zeugen« ableitet, sondern indem er auf die Geretteten verweist, diejenigen, die für die Muselmänner zu sprechen versuchen – ohne dass ihnen allerdings mehr gelingen könnte, als das zu bezeugen, was »als Rest zwischen ihnen bleibt«.[73]

Gleichwohl vernachlässigt Agamben all jene Berichte von Muselmännern, die, allen Versehrungen während ihrer Zeit im Lager zum Trotz, später durchaus in der Lage waren zu erzählen, wie es sich anfühlte, ein »Muselmann« zu sein. Das ist insofern kurios, als er selbst, am Ende seines Essays, auf diese Zeugnisse verweist und sie ausführlich zitiert. Dennoch lässt Agamben sich von den sprechenden Muselmännern nicht abbringen von der Annahme, Muselmänner seien diejenigen, die nicht Auskunft geben könnten über ihren Zustand. Es ist interessant, wie Agamben dieses Paradox des Muselmanns formuliert: »Ich, der ich hier spreche, war ein Muselmann, war also derjenige, der auf keinen Fall sprechen *kann*.« Er schreibt nicht: »war also derjenige, der auf keinen Fall sprechen *konnte*« – das hieße damals, im Lager, im Zustand der Agonie. Sondern der, der damals ein Muselmann war, war jemand, »der auf keinen Fall sprechen *kann*«, bis heute.

Es scheint, als sei es für Agamben nicht möglich, die Erzählungen der ehemaligen Muselmänner in seine Theorie zu integrieren. Dabei wäre es gerade nötig, das zu analysieren, was jene erzählen, die einmal als nicht mehr sprachfähige Personen galten, wie sie selbst die Versehrung beschreiben, die sich damals in sie eingeschrieben hat.

Was die hyperbolischen Theorien von der Unmöglichkeit der Zeugenschaft so heikel macht, ist, dass sie einerseits die Ereignisse selbst als letztlich unrepräsentierbare, undurchdringliche festschreiben (Laub) oder dass sie den Überlebenden aufgrund ihrer Erfahrungen keine eigene Sprech- oder Handlungsfähigkeit mehr zuweisen (Agamben). In beiden Varianten spielt zudem der Adressat des Erzählens, die Gemeinschaft, in die hinein gesprochen wird, eine untergeordnete Rolle.[74]

Mir geht es demgegenüber keineswegs darum, zu behaupten, dass jede Person sprechen können muss. Vor allem nicht zu jeder Zeit. Gerade bei jugendlichen Missbrauchsopfern leuchtet es ein, dass zunächst die inneren Ressourcen fehlen oder es (noch) keinen Zugriff auf das Erlittene gibt.[75] Es geht nicht darum, die Versehrung zu relativieren. Aber das Schweigen vieler Opfer von extremen Ausnahmesituationen zu einem unabänderlichen, undurchdringlichen Faktum oder gar zu einer Norm zu erhöhen ignoriert, was wir über die *Gründe* für das Schweigen wissen können, ignoriert, was wir über die Bedingungen des Erzählens erfahren von ebenjenen, die angeblich nicht sprechen können.[76]

Denn es gibt sie, die Zeugnisse von Menschen, denen niemand mehr ein Zeugnis zutraute, es gibt die Geschichten von Menschen, die von sich selbst sagen, sie seien »Muselmänner« gewesen. Die Sprachlosigkeit ist nicht einfach ultimativ, das Schweigen von Opfern extremer Entrechtung und Gewalt muss nicht undurchdringlich und endgültig bleiben.

Manchmal, erst viele Jahre später, tauchen die schmerzhaften Begebenheiten erzählerisch wieder auf, schnellen an die Oberfläche, als ob ein Seil, das sie bislang am Grund hielt, plötzlich gerissen wäre. Es mag eine äußere Aufforderung sein: ein Kind, das sich endlich zu fragen traut, ein Ermittler einer Staatsanwaltschaft, der sich endlich zu interessieren scheint; es mag ein inneres Anliegen sein: der herannahende eigene Tod, der nun zum Sprechen drängt, der Tod eines geliebten Menschen, den es nun nicht mehr zu schonen gilt.

Was immer die Erfahrung vorher umschlossen hielt, es ist – zumindest einen Augenblick lang – durchbrochen oder geöffnet. Manchmal lösen sich dann einzelne Bruchstücke heraus, tragen sich Erfahrungsschichten nach und nach ab, und so erzählen die Betroffenen zunächst nur splitterhafte Episoden und Bilder. Scheinbar unzusammenhängend. Als müssten sie ins Dunkel greifen und zögen hervor, was immer sie gerade zu fassen bekommen.

Manchmal liegt die ganze Geschichte brach, und sie können sie mit einem Mal heben. Als ob sie all die Jahre des Schweigens, unberührt von den Schwächen der Erinnerung und unversehrt von den Schmerzen der Trauer, darauf gewartet hätte, endlich erzählt zu werden.

Jean Améry, Barracken-Nachbar von Primo Levi, schwieg zwanzig Jahre lang über seine Erfahrungen in den Lagern. Erst als 1964 in Frankfurt der große Auschwitz-Prozess begann, beendete er die »Zeit der Stille«.[77] Zuerst schrieb er einen isolierten Aufsatz über die Rolle des Intellektuellen, und dann »war ein Damm gebrochen«: Seite über Seite nähert sich Améry, von außen nach innen, der eigenen Erfahrung an. Zunächst nüchtern und distanziert, dann entblättert der Autor eine um die andere Schale, um sich dem persönlichen Kern der Geschichte zu stellen.

Auch zahllose muslimische Frauen schwiegen über die sexualisierte Gewalt, die ihnen in der Partizan-Turnhalle und der Foča-Oberschule in Bosnien in den Jahren 1992 und 1993 angetan wurde. Erst der Internationale Strafgerichtshof für das ehemalige Jugoslawien von Den Haag schuf einen unabhängigen Ort, in dem ein Sprechen über ein Verbrechen beginnen konnte, das vorher keinen Namen und keine Zuhörer hatte finden können. Beinahe zehn

Jahre nach den Vergewaltigungen durch serbische Milizen, Polizisten und Soldaten begannen die Opfer zu sprechen.[78]

Anstatt das Unsägliche als unveränderlich zu behaupten, lohnt es sich, die Protokolle der Aussagen einiger Zeuginnen aus dem Foča-Prozess genauer anzuschauen, weil diese Frauen nicht nur beschreiben, was ihnen angetan wurde, sondern auch sehr präzise erklären können, warum sie über ihre Erfahrungen lange geschwiegen haben.[79]

Vor dem Internationalen Strafgerichtshof wurde der Fall Nr. IT-96-23 verhandelt: Dragan Gagović, Gojka Jaković, Radomir Kovač, Zoran Vuković, Dragan Zelenović, Dragoljub Kunarać und Radovan Stanković waren wegen schwerer Verletzung der Genfer Konventionen, Verstößen gegen die Gesetze und Gebräuche des Krieges und Verbrechen gegen die Menschlichkeit angeklagt.

Vor dem Gericht erschienen insgesamt fünfundzwanzig Zeuginnen, die aussagten, wie sie in Internierungslagern wie Tiere gehalten und sexuell versklavt wurden. Auf Nachfrage berichteten sie von täglichen Exzessen sexueller Gewalt, von Demütigungen, brutalen Übergriffen, von Vergewaltigungen durch einen Mann, zwei, sechs Männern, oftmals begleitet von Sätzen wie »*You are going to bear Serb children*«.

In den Transkripten finden sich zwei Frauen, die per Nummer identifiziert werden als Zeugin 51 und Zeugin 50, Mutter und Tochter, die gemeinsam im Juli 1993 verschleppt, interniert und misshandelt wurden. Im März 2000 sagt vor der dreiköpfigen Kammer unter dem Vorsitz von Richterin Florence Mumba erst die Mutter, dann die Tochter aus. Die Tochter, Zeugin 50, berichtet von der Flucht in die Wälder um Foča aus Angst vor serbischen Angriffen, sie berichtet, wie sie entdeckt, gefangen und eingesperrt wurden, zuerst in einem Motel in Buk Bijela, und sie berichtet, wie sie, damals 17-jährig, das erste Mal von einem Mann oral vergewaltigt wurde. Auf Nachfrage der Vertreterin der Anklage (*»I'm sorry to have to ask you some specifics«*) berichtet Zeugin 50, was der Angeklagte Zoran Vuković mit ihr tat (*»He asked me to put his penis into my mouth«*, *»he did it himself«*), wie sie danach wieder zu den anderen Frauen, darunter ihre Mutter, gebracht und mit einem Bus zur Oberschule von Foča gefahren wurde.

Und dann folgt diese Sequenz zwischen ihr und der Vertreterin der Anklage:

Question (Q): Was your mother on the bus?
Answer (A): Yes.
Q: Did you tell her at the time what had happened to you?
A: I don't think I told her, but she was smart enough to understand what had happened.
Q: Why didn't you say anything to her about what happened to you?
A: I thought that if I had to suffer, they didn't have to know about it.
Q: Did you ever tell the details of what happened to you there to anyone in your family?
A: Never.[80]

Es ist dies das erste Mal, dass Zeugin 50 von ihrem Schweigen spricht. Sie wird, im Verlauf ihrer Befragung durch die Staatsanwaltschaft, aber vor allem im Kreuzverhör mit der Verteidigung des Angeklagten, die sie als unglaubwürdige Zeugin darstellen will, immer wieder erklären, dass sie über die Vergewaltigung von Buk Bijela geschwiegen hat. Aber sie wird Gründe dafür geben, und zwar unterschiedliche, je nach Kontext, je nach Adressaten, denen sie hätte erzählen sollen oder können. Sie wird nicht nur sagen, ich kann oder konnte »dies« nicht beschreiben. Sie wird erklären, warum sie wem gegenüber schwieg und warum sie nun vor dem Gericht spricht.

Hier, in dieser Phase ihrer Zeugenaussage, bezieht sich das Schweigen noch auf den Augenblick der Gefangenschaft: Sie und ihre Mutter waren gerade erst aufgegriffen worden, sie ahnten noch nicht, was sie in den folgenden Tagen durchleiden sollten, sie befanden sich noch in den Händen ihrer Peiniger, ihre Mutter war in dieser Situation so hilflos wie sie selbst. Und die Tochter schwieg. Weil es nicht nötig war, etwas zu erklären, was alle Frauen in dem Bus, auch ihre Mutter, sehen konnten (»*She was smart enough to understand what had happened*«), und weil es nicht nötig war, jemand anderen mit dem zu belasten, was sie selbst schon belastete. Sie schwieg, weil sie ihre Mutter schonen wollte. Das, was die Mutter mit ansehen konnte/musste, beschreibt die Tochter kurz darauf, und zwar nicht in Bezug auf sich selbst, sondern in einer Verschiebung: Als sie gefragt wird, ob sie auch andere Mädchen gesehen habe, die aus den Klassenzimmern zurückkehrten, sagt sie: »*They were all crying (…) some of them would be bleeding from the nose. They would be screaming, tearing out their hair.*«

Die Befragung wendet sich dem zu, was ihr in den darauf-folgenden Tagen widerfahren sei, wie sie von anderen Soldaten in den Klassenzimmern der Oberschule vergewaltigt wurde. Erneut wird sie gefragt:

Q: Did you tell anyone at the time what had just happened to you?
A: I never described what happened to me in detail to anyone. If I wanted to say what happened, I said the worst had happened, referring to rape, and from then onwards I never talked to anyone about anything from that event onwards. I kept silent.
Q: How did you feel?
A: Awful. There are no words in the world that could describe my feelings. It is the worst thing that was happening to me.[81]

»Das Schlimmste«, das reichte als Beschreibung dessen, was sie erlebt hatte, sie brauchte, damals, die sexualisierte Gewalt nicht detailliert zu beschreiben, »*at the time*«, zu der Zeit reichte ein Wort, weil alle, die mit ihr eingesperrt waren, wussten, was sich hinter dem Begriff verbarg.

Die Vertreterin der Anklage fragt weiter:

Q: Did you ever tell the details of what happened to you to anyone in your family?
A: Never.
Q: In 1995, do you remember speaking with investigators from the Tribunal (...)?
A: Yes, I remember.
Q: And you have made a statement at that time about what happened during the war; is that right?
A: Yes.
Q: Did you tell the investigators at that time the details of what happened to you at Buk Bijela (...)?
A: I did not.
Q: Why not?
A: I don't know. Those words could not leave my mouth.[82]

Als es darum geht, jemand anderem von den Erfahrungen zu erzählen, jemandem, die nicht die blutenden, schreienden Mädchen gesehen hat, die sich die Haare ausreißen, als sie einer Fremden erklären soll, was geschehen ist, da schweigt die Zeugin. Das Interessante ist, dass sie durchaus den Ermittlern aus Den Haag, die nach Bosnien gereist waren, um Beweise und Zeuginnen für die Anklage zu suchen, von den Misshandlungen und Vergewaltigungen in der Oberschule von Foča erzählt hatte. Allein die Vergewaltigung am ersten Tag in Buk Bijela ließ Zeugin 50 aus. Sie sagt nicht: Ich konnte das nicht erzählen, sie sagt, »diese Worte kamen mir nicht über die Lippen«, als seien Worte ein eigenes Subjekt, als sprächen sie sich selbst oder verweigerten sich, gesprochen zu werden. Warum aber widersetzen sich die Worte nur bei dieser Szene?

Der Verteidiger des Angeklagten nimmt im Kreuzverhör genau die »Zeit der Stille«, wie bei Améry die Jahre des Schweigens heißen, zum Anlass, den Wahrheitsgehalt der Zeugenaussage zu bezweifeln. Er fragt nach der Diskrepanz zwischen ihrer Aussage 1995, als sie von den Ermittlern aus Den Haag befragt wurde und über die sexualisierte Gewalt in Buk Bijela nichts aussagte, und ihrer aktuellen Aussage vor Gericht, fünf Jahre später. Die Zeugin weist die Unterstellungen zurück und begründet ihr Schweigen überraschend:

A: (…) The things that I added today … I just could not utter those things at the time. They would not pass my lips.
Q: Does that mean that, when you made your statements, there was one truth, and there is a different truth today?
A: No. Everything I have said is the truth.
Q: When?
A: What do you mean: when?
Q: When you gave your statements and when you talked to us today, is everything the truth?
A: Everything I have said today is the truth. I just passed over certain things before, and today I gave an explanation why I did not say them.[83]

Wo der Anwalt des Angeklagten ein willkürliches Verhältnis zu dem Geschehen sehen will, ist für die Zeugin einfach nur eine Lücke im Narrativ.[84] Der Riss der Erzählung berührt für sie keineswegs den Wahrheitsanspruch der einzelnen Teile, sie bleiben jeweils wahr, sie lassen sich aneinanderreihen, nur sind eben nicht jedes Detail, jeder Abschnitt, jede Szene zu jeder Zeit abzurufen – und nicht in jedem Kontext. Warum? Dafür gibt sie unterschiedliche Gründe an: weil es nicht nötig ist, viele Worte zu machen gegenüber denen, die dasselbe Leid erfahren haben, weil es nicht nötig ist, auch die zu belasten, die zumindest etwas unbelasteter als man selbst aus dem Schrecken hervorgehen könnten, weil es die Details sind, die besonders schmerzen, weil es erträglicher ist, nur »das Schlimmste« zu sagen, anstatt es auszubuchstabieren.

Auf die Frage des Anwalts des Angeklagten, warum sie ausgerechnet die spezifische Vergewaltigung in Buk Bijela ausgelassen habe, aber über die späteren durchaus auch brutalen, furchtbaren Erfahrungen mit sexueller Gewalt in der Foča-Oberschule gesprochen habe, erklärt die Zeugin: eben *weil* sie so spezifisch gewesen sei *(»precisely because it was so specific«)*.

A: It was my first and most painful experience. All of them are very painful, but that was the first one, the one that made me most frightened.
Q: Well, precisely because it was the first time that something like that had ever happened to you?
A: If you can't understand me, let me put it this way. I was ashamed to say.[85]

Die erste Vergewaltigung bleibt, ganz gleich wie brutal und schmerzhaft alle späteren Erfahrungen mit sexueller Gewalt auch sein mochten, die schmerzlichste, über die sich die Zeugin 50 aus Scham nicht zu sprechen traut, selbst als sie über andere Demütigungen bereits sprechen kann.

In fast jeder einzelnen Passage ihrer Aussage und des Kreuzverhörs setzt Zeugin 50 ihr Schweigen ins Verhältnis zu dem Kontext und den Menschen, denen sie etwas hätte erzählen können, sie begründet ihr Schweigen nicht damit, dass sie die Erfahrungen nicht beschreiben *könnte*, die Erlebnisse in der Foča-Oberschule hatte sie auch schon bei früheren Vernehmungen ausführlich dargelegt. Nur das Schweigen über die Vergewaltigung in Buk Bijela stellt eine Besonderheit dar: Die erste Erfahrung mit sexualisierter Gewalt zeichnet die Zeugin 50 aus vor allem anderen, was sie später erleiden sollte. Auch Jahre später, als sie schon über alle anderen Grausamkeiten und Demütigungen gesprochen hatte, hält sie die Beschreibung dieser ersten Vergewaltigung zurück.

Bei Jean Améry gibt es interessanterweise eine ganz ähnliche Passage. In seiner Analyse des »Inhalts der Folter«, argumentiert Améry, warum er die Tortur nicht für ein zufälliges Beiwerk des Nationalsozialismus hielt, sondern für dessen Essenz, er vermittelt dem Leser »die sachliche Beschreibung, was sich ereignete«, und beschreibt dann, wie ein Eisenhaken in die Handschellen, die hinter seinem Rücken seine Hände fesselten, gehängt wurde und er dann mit einer Kette etwa einen Meter über den Boden hochgezogen wurde: Eine Weile lang konnte Améry noch mit Muskelkaft den Körper halten, dann rissen die Gelenke, und »mit einem Krachen und Splittern« drückte das eigene Gewicht die Schulterkugeln aus den Pfannen. Tortur, bemerkt Améry trocken, von lateinisch *torquere*: verrenken.[86]

Doch diese Details erzählt Améry eher pflichtschuldig, als seien sie beiläufige Informationen. Vielmehr will er dem »Inhalt der Folter« auf den Grund gehen, das ausloten, was die Tortur, als Erfahrung für den, der ihr unterworfen wird, ausmacht. Und da ist für Améry der »erste Schlag« das Elementare: »Plötzlich fühlte ich den ersten Schlag.« Améry hebt das Besondere des ersten Schlags so hervor wie Zeugin 50 die erste Vergewaltigung. »Der erste Schlag bringt dem Inhaftierten zu Bewusstsein, dass er *hilflos* ist«,[87] erläutert Améry. Unmissverständlich weist Améry all jene Interpretationen von »irgendeinem Ungeprügelten« zurück, die suggerieren, es sei vor allem die Menschenwürde, die mit dem »ersten Schlag« verloren ginge. Die Vorstellung von Würde ist ihm zu relativ, zu ungenau. Er wisse nicht, ob die Würde berührt sei, wenn jemand verprügelt werde, schreibt Améry, »doch bin ich sicher, dass er schon mit dem ersten Schlag, der auf ihn niedergeht, etwas einbüßt, was wir (…) das *Weltvertrauen* nennen wollen.«[88]

Dieses Vertrauen ist vielleicht irrational und unbegründet, aber es bedeutet, daran zu glauben, dass der andere mich schont, dass er meinen Körper intakt lässt. Dieses elementare Vertrauen durchzieht, laut Améry, als unverfügbare Gewissheit alle sozialen Beziehungen. Es ist so unhinterfragt wie gewisse mathematische Formeln, und es macht sich an der Haut, als der Grenze meines Körpers, fest. Dringt jemand, mit dem ersten Schlag, in diese Haut ein, wird eine Grenze überschritten. Améry stellt die Verbindung zu der Erfahrung von Zeugin 50 explizit selbst her, indem er den Bruch des Weltvertrauens beim ersten Schlag mit einem »Sexualakt ohne das Einverständnis eines der Partner« vergleicht.[89]

Wenn es das Vertrauen ist, das zerbrochen ist mit dem ersten Schlag, der ersten Misshandlung, der ersten Vergewaltigung, dann liegt es auch nicht allein an der verlorenen Würde oder der zu großen Scham, dass Menschen nicht über diese Erlebnisse sprechen. Im Fokus stehen nicht mehr allein die Überlebenden, die (nicht) Zeugnis ablegen können. Sondern im Fokus stehen die, die diese Gewalt zugelassen haben, die verschont wurden von dieser Gewalt.

Üblicherweise taucht im Kontext der Debatte über Zeugenschaft die Frage des Vertrauens in einer ganz anderen Position auf: Ob den Aussagen von Zeugen zu trauen sei? Welchen propositionalen Gehalt die einzelnen Sprachakte einer Aussage aufweisen können? Wie abhängig eine Gesellschaft davon sei, nicht selbst oder direkt Informationen verifizieren zu können – und deswegen abhängig sei von einem Grundmaß an Vertrauen in die Aussagen und Zeugnisse anderer.[90] Im speziellen Kontext der Überlebenszeugen der Shoah oder anderer extremer Grenzsituationen: wie historisch akkurat die Zeugen sich erinnern können? Wie solche Zeugnisse juristisch verwertbar seien, die durch die Traumatisierung der Opfer von Gewalt versehrt sein können? Wie viel Vertrauen diese Zeugen verdienen?

Demgegenüber wird hier das Vertrauen ins Verhältnis gesetzt zu den Zuhörern, der Gesellschaft – und die Fragen von Vertrauen und Zeugenschaft werden gänzlich andere: Warum sollten Menschen, deren Weltvertrauen zerbrochen wurde, jemals wieder Vertrauen zu anderen fassen können?[91] Wie sollten sie wieder jemanden ansprechen können? Warum sollten sie von dem, was ihnen angetan wurde, erzählen? Wem?

In dieser Argumentation müssen nicht die, die Gewalt erfahren, das Vertrauen derer, die ihnen zuhören, rechtfertigen, sondern die, die verschont wurden, müssen sich um das Vertrauen derer, die Opfer von Gewalt wurden, bemühen. In der Frage »Und Sie können dies beschreiben?« oder dem auf aller Welt immer wieder gehörten »Schreibst du das auf?« liegen insofern immer auch gleichermaßen Zweifel wie Hoffnung, ob die anderen, die Gemeinschaft, als Adressat des Vertrauens auch taugen.

Was braucht es von uns, von denen, die verschont wurden, den »Ungeprügelten«, die wir nur zuhören und für andere erzählen können? Was können wir herstellen, damit dieser fundamentale Bruch die Opfer von extremer Gewalt nicht für immer isoliert zurücklässt? Was sind die Bedingungen und Möglichkeiten der Zeugenschaft für andere? Wie lässt sich aus dem, was nicht verständlich klang, eine verständliche Erzählung machen, ohne die Tiefe der Verstörung zu banalisieren? Wie lassen sich die Traumatisierungen angemessen beschreiben, ohne die Opfer zu pathologisieren und in ihrer Versehrtheit festzuschreiben? Wie lässt sich an ihre Erfahrungen erinnern, auch wenn sie, die Überlebenszeugen, nicht mehr leben? Wie lässt sich nach dem, was moralisch inakzeptabel war und bleibt, weiterleben, als Geretteter oder als Gesellschaft?

6. Vertrauen oder: Erzählen trotz allem

»Was ist geblieben?
Geblieben ist die Sprache.«
Hannah Arendt

Die Gründe und Motive für das Erzählen trotz allem sind so vielfältig wie die Perspektiven der Zeuginnen und Zeugen, der Überlebenden und der Geretteten, der Verschonten und Ungeprügelten – wie die ihrer Kinder und Enkel und der Gesellschaft, in der sie alle miteinander leben sollen. Erzählt werden kann aus Zorn und aus Abscheu über die Täter, die ungestraft oder flüchtig blieben, erzählt werden kann aus Not, weil die Last der Erlebnisse allein nicht zu tragen ist, erzählt werden kann aus Liebe zu den Nachgeborenen, die mit gezeichnet wurden von einer Geschichte, die sie selbst nicht erlebt haben, erzählt werden kann aus Angst vor Wiederholung der Geschichte, erzählt werden kann aus Hass gegen die Vorväter, die sich schuldig gemacht haben, aus Widerwillen gegen die Lügen der eigenen Familie, erzählt werden kann aus hehren und weniger hehren Motiven heraus.

Die Zeuginnen und Zeugen aus dem Inneren, die Geretteten, kennen meist zwei Richtungen des Erzählens: *für* wen sie erzählen und *wem* sie erzählen. Sie, die ihr eigenes

Überleben kaum selbst begreifen können, die so viele untergehen sahen, fühlen sich in der Schuld derer, die ausgelöscht und vernichtet wurden. Sie wollen beschreiben, was geschah, wie immer »unvorstellbar« und »unbeschreiblich« es selbst ihnen erscheinen mag, um an die zu erinnern, die sie verloren haben. Indem sie den Nummern wieder Namen geben, den Namen Geschichten, indem sie der Intention der Täter widerstehen, die die Spuren ihrer Verbrechen mit beseitigen wollten. Sie, denen das eigene Überleben willkürlich erscheint, wollen für andere erzählen, auch und nicht zuletzt, weil es der Suche nach Gerechtigkeit entspricht.

Für die Außen-Zeugen, die Verschonten (professionelle oder zufällige Beobachter, Kinder und Enkel), uns, gibt es eine Doppel-Rolle: die des oder der Zuhörenden und die des oder der (Weiter-)Erzählenden. In der Rolle der Zuhörenden müssen wir vor allem den überlebenden Zeugen signalisieren, dass sie uns nicht schonen müssen, dass wir uns vorstellen wollen (und müssen), was unvorstellbar grausam war, dass wir bereit sind, sie in ihrer Dopplung wahrzunehmen: als die Person, die sie früher einmal waren, bevor sie aus der Welt gedrängt wurden, und als die Person, zu der sie gemacht wurden durch die Erfahrung von extremer Entrechtung und Gewalt.

Für die Außen-Zeugen, die Verschonten, gilt das Ethos des Erzählens für andere erst recht. Auch dieses Erzählen kennt zwei Richtungen und Adressaten: erzählt wird für diejenigen, die es selbst nicht (mehr) können, die stumm gemacht werden sollten – und derentwegen es kein stummes Entsetzen geben darf. Und erzählt wird denjenigen, die, ebenso willkürlich, ungeprügelt blieben, den Außenstehenden, Nachgeborenen, den Erben einer Geschichte aus Tod und Verlust – für die es keine Unschuld des Nicht-Wissens geben kann.

Den Opfern ihre Subjektivität und ihre Sprache zu nehmen gehört zu den Absichten verbrecherischer Regime, sie zu de-individualisieren, zu isolieren und schließlich zu entmenschlichen, all das sind Mechanismen der Entrechtung und Gewalt. Deswegen kann das miteinander Sprechen, einander Erzählen und Zuhören, das »Bezugsgewebe menschlicher Angelegenheiten«, wie Hannah Arendt es nennt, als Versuch einer Gegen-Strategie verstanden werden, die die Überlebenden wieder ihrer Subjektivität zu versichern sucht.

Wenn stimmt, was Jean Améry und Zeugin 50 sagen: dass das Besondere der Gewalterfahrung in dem ersten Schlag besteht, der auf einen niederfährt, wenn das, was in diesem Moment zerstört wird, das Weltvertrauen ist, wenn Erfahrungen extremer Entrechtung und Gewalt einen Bruch in der Kontinuität der eigenen Geschichte bedeuten, dann kann das *Erzählen der Diskontinuität* eine Form sein, diesen Bruch des Vertrauens als ein gemeinsames Problem einer moralischen Gemeinschaft zu begreifen.

Über das Sagbare und die Möglichkeit des Erzählens trotz allem nachzudenken bedeutet demnach nicht, die Tiefe der Verstörung durch Gewalt und Entrechtung zu relativieren, es bedeutet nicht, die Schwellen des Erzählbaren oder mögliche Motive für das Schweigen zu banalisieren. Über die Bedingungen der »Re-Humanisierung« durch Zeugenschaft nachzudenken bedeutet nicht, die Unterschiede zwischen Tätern und Opfern, Untergegangenen und Geretteten, Geprügelten und Ungeprügelten zu verwischen. Dem Versuch, Kritik am Dogma des »Unbeschreiblichen« zu formulieren, wohnt kein profanes Versprechen auf Heilung oder gar Versöhnung inne. Diese Erfahrungen lassen sich nicht aufheben. Aber sie dürfen auch nicht einfach von einer Gesellschaft als »unbeschreiblich« deklariert und ad acta gelegt werden.

Meist ist sie gut gemeint, diese Rede vom »Unbeschreiblichen« der Verschonten, meist artikuliert sich darin der Wunsch, besonders ernsthaft zu klingen, besonders respektvoll mit dem Wissen um das Leid anderer umzugehen. So twitterte der EU-Parlamentspräsident Martin Schulz am 20. April 2013 anlässlich seines Besuchs in Auschwitz: »*Visit to Auschwitz changes you. No words to describe the enormity of this crime. We must never forget.*« Nun sei dahingestellt, ob Auschwitz ein geeigneter Ort oder ein geeignetes Thema ist, um darüber zu twittern. Aber per Kurznachricht zu verkünden, es gäbe keine Worte, das Ausmaß dieses Verbrechens zu beschreiben, ist eine »Zwangsjacke vorgefundener Schlagworte«,[92] entstanden im günstigsten Fall aus erschöpfter Gedankenlosigkeit.

In Kombination mit dem »Wir dürfen niemals vergessen« wird aus der Sprach-Hülse dann fatalerweise eine unbeabsichtigte Tabuisierung: Es gibt keine Worte, wir dürfen niemals vergessen – verbindet sich zu: Wir dürfen niemals vergessen, dass es keine Worte gibt. Was soll das heißen? Woran sollen wir uns dann erinnern? Nur noch daran, dass etwas sich nicht beschreiben lässt? Wir sollen nie vergessen, dass wir nicht sprechen können von Auschwitz? Dürfen wir deswegen nicht sprechen?[93]

Die Formulierung wird hier (wie in anderen Kontexten) gebraucht als rhetorischer Platzhalter für suggerierte emotionale oder moralische Tiefe, die jedoch vor allem hermeneutische Oberflächlichkeit ausweist. In der zunehmend ritualisierten Form des kollektiven Gedenkens, das nur noch die Formel des »Unbeschreiblichen« wiederholt, geht das Erinnern an das, was so verwerflich war, dass es erinnert (und beschrieben) werden soll, verloren. Das Unbehagen und die Abwehr der jüngeren Generation heftet sich genau an diese Art des unbeholfen Tabuisierten. Eine moralische Lektion, die in der Öffentlichkeit nicht ausformuliert werden kann, eine gesellschaftliche Pflicht zu erinnern, die nicht erzählen will, woran erinnert werden soll, die aus dem Trauma einen Fetisch macht, die überzeugt nicht.[94]

Damit solcher Erfahrungen individuell und kollektiv gedacht werden kann, müssen sie behutsam ausbuchstabiert werden. Was geschieht, wenn sie lediglich mit einem Begriff tituliert und nicht beschrieben werden, ließ sich bei

dem Missbrauchsskandal an der Odenwaldschule stu-
dieren. Obgleich ehemalige Schüler wie Andreas Huckele
(alias Jürgen Dehmers) frühzeitig auf Missbrauch und sexuelle Gewalt an der Schule hingewiesen hatten, obgleich
die zuständigen Verantwortlichen die Vorwürfe kannten,
verdrängten und verleugneten sie das, was sie sich nicht
vorstellen mochten.

In einer eindrücklichen Passage in dem preisgekrönten
Dokumentarfilm »Geschlossene Gesellschaft« von Luzia
Schmid und Regina Schilling erläutert ein Vorstands-
mitglied der Odenwaldschule, die Psychologin Benita
Daublewsky, warum es gelingen konnte, über Jahre die
verzweifelten Anklagen der Schüler zu ignorieren: weil sie
sich, solange die Erfahrungen nicht beschrieben waren,
unter dem Begriff »Missbrauch« irgendetwas Harmloses
vorstellen konnte. Es gab nur einen Terminus, »Missbrauch«, und dieses vage Etikett erlaubte es jeder und
jedem, es eigenständig mit Phantasien aufzufüllen, die so
unschuldig waren, wie sie sein mussten, damit das hehre
Bild der reformpädagogischen Schule nicht gefährdet
wurde.

Erst als bei einem Treffen[95] dann präzise Worte für das gefunden wurden, was »Missbrauch« bedeutete, erst als an
das Etikett ganz bestimmte Praktiken geknüpft wurden –
nämlich gegen den eigenen Willen bedrängt, benutzt und
vergewaltigt worden zu sein –, erst als Beschreibungen die
eigenen Phantasien konkret ausgestalteten, erst da konnte
Empathie entstehen.

Das Unpräzise schützt jene, die das Schreckliche nicht denken wollen. Die sakralisierende Rede vom »Unbeschreiblichen« unterscheidet sich in ihrer Wirkung kaum vom Tabu: Denn sie verhindert, dass sich diejenigen, die eine Erfahrung nicht gemacht haben, vorstellen können, wie sie sich für diejenigen anfühlte, die sie durchlitten haben. Empathie und Mitleid lassen sich nicht einfach voraussetzen. Was moralisch verwerflich, was verletzend und demütigend ist, erschließt sich nicht automatisch allen.[96]

In dem Band »Idyllen in der Halbnatur« beschreibt der Schriftsteller Wilhelm Genazino in einer Erzählung das Phänomen des »verlorenen Schuhs«: jener einzelnen, gebrauchten Schuhe, die manchmal auf Spaziergängen im Wald oder am Straßenrand zu finden sind und die einem Rätsel aufgeben, weil man sich fragt, wie sie dorthin gelangt sind.

Genazino schreibt: »Man muss solche Vorgänge für möglich halten. Was man von ihnen immer wieder nur sieht, ist das letzte Glied einer Handlungskette: ein einsamer Schuh, meist ziemlich mitgenommen, oft nass, weil schon seit Tagen herumliegend. Ebensolche Frauenschuhe, oft sogar paarweise und ordentlich nebeneinanderstehend, auf Nimmerwiedersehen verlassen.«[97]

So scheinen uns manchmal die Berichte aus den Gefängnissen und den Lagern, die mündlichen Erzählungen oder schriftlichen Briefe und Texte, wie diese verlorenen Schuhe, ziemlich mitgenommen, nass, schon lange herumliegend, sie mögen uns verwirren im ersten Moment, weil wir, die wir nicht dabei waren, nicht wissen, was zuvor geschah. Sie erscheinen uns zweifelhaft, weil wir uns nicht vorstellen können, wie sie verlorengingen, weil wir selten Schuhe einzeln verlieren oder weil wir nachts, im betrunkenen Zustand, nicht mehr in der Lage wären, sie ordentlich nebeneinander aufzustellen. So geben uns die Berichte und Erzählungen von extremen Ausnahmesituationen und Gewalt oft Rätsel auf, wir sehen nur die Folgen einer Erfahrung, die wir nicht zu denken wagen. Aber so wie Genazino schreibt, müssen wir »solche Vorgänge für möglich halten«, weil auch die Erzählungen, die wir lesen oder hören, nur das letzte Glied einer Handlungskette sind.

Wie also »dies« erzählen?

»Das Unsägliche geht, leise gesagt, übers Land«, heißt es bei Ingeborg Bachmann. Vielleicht kann das, was als unbeschreiblich oder unsäglich gilt, nur geflüstert werden, vielleicht ist das Erzählen von Folter und Gewalt, Demütigung und Vergewaltigung nur stockend möglich, nur bruchstückhaft, vielleicht bleiben narrative Lücken, da, wo jemand sich nur unter Schmerzen erinnern kann, wo etwas nur mit Scham bloßgelegt werden kann. Aber deswegen ist es eben doch sagbar.

Wie also »dies« so erzählen, dass auch die, die nur das letzte Glied einer Handlungskette sehen oder hören, die vorangegangenen Erlebnisse für möglich halten?

Vielleicht indem die Erzählung an den kleinen widerständigen Momenten anknüpft, an den Dingen, den Gewohnheiten, den Ritualen, den Ausbrüchen, all den Augenblicken der Dissidenz, in denen sich die Kontinuität zu dem früheren Leben herstellen lässt. Oft beginnen sie auch so, die Erzählungen der Überlebenden, mit den »nagelneuen Schuhen«, der »Tasse Kaffee«, der immer morgens auf dem Schreibtisch stand, oft sind es auch die Gewohnheiten und die Dinge der Untergegangenen, an die die Überlebenden oder Nachgeborenen in ihren Erzählungen erinnern, der »Füller ..., den man mit Tinte auffüllen musste«,[98] das Andenken an den verstorbenen Vater, die Bambusflöte, deren Klang das ausfüllt, was (noch) nicht erzählbar ist.

Das Erzählen trotz allem kann nur gelingen, wenn es mit keinem naiven Anspruch auf Vollständigkeit oder Einstimmigkeit einhergeht. Diese Erzählungen werden Irrtümer enthalten, auch Rätsel. Erzählte Erfahrung, individuell oder kollektiv, wird sich verdichten und womöglich stimmiger werden, als sie es war, sie wird sich verzetteln und womöglich brüchiger werden, sie wird nicht immer linear oder gar abgeschlossen daherkommen.

Als besonders eindrückliches Beispiel einer solch unvollständigen und zugleich zutiefst wahrhaftigen Erzählung soll hier Otto Dov Kulkas »Landschaften der Metropole des Todes« erwähnt werden.[99] Der israelische Historiker hatte lange Jahre ausschließlich als Forscher und Wissenschaftler zu Auschwitz publiziert – und nicht als das, was er zugleich immer *auch* war: ein Überlebender, der als

Kind zusammen mit seiner Mutter erst in das Ghetto Theresienstadt und dann nach Auschwitz-Birkenau deportiert worden war.

Als Kulka schließlich sein Schweigen beendet, wählt er zunächst die Form des monologischen Sprechens in ein
Tonbandgerät: zehn Jahre lang, zwischen 1991 und 2001,
zeichnet der Historiker das auf, was er selbst ausdrücklich
nicht als »historisches Zeugnis« verstanden wissen will.[100]
Den zehn Kapiteln verschriftlichter Tonbandaufzeich-
nungen fügt Kulka schließlich noch drei Kapitel mit Aus-
zügen aus seinen Tagebüchern an. Bemerkenswerterweise
erwähnt Kulka selbst ausdrücklich, dass die Tonbandauf-
zeichnungen »in Gegenwart einer Dialogpartnerin« gesprochen wurden, »die den Anstoß zu den Aufnahmen
gab und sie so erst möglich machte«. Gleichwohl nennt
Kulka sie »Monologe«. Vielleicht ist das ein Hinweis darauf, was es manchmal braucht: eine Anregung, eine
bloße Gegenwärtigkeit, die einen Monolog initiieren
kann. Nicht mehr.

Kulka erinnert sich anhand von Ruinen, von Landschaften, es sind Fetzen von Erinnerung, Bruchstücke, deren
rissige Konturen er narrativ abzuschreiten scheint, es sind
Sequenzen von Albträumen, die kaum mehr eine ganze
Geschichte erzählen, aber Motive aus Angst und Schrecken evozieren und die ganze Last und Not einer nicht
mehr vollständig rekonstruierbaren Erfahrung transpor-
tieren.

Das Erzählen trotz allem kann nur gelingen, wenn es die Verstörungen nicht objektivieren oder normalisieren will. Es ist nicht an den »Ungeprügelten«, die Halbwertszeit des moralischen oder psychischen Entsetzens der Überlebenden festzulegen. Oder zu bestimmen, was als eine gelungene, eine angemessene Beschreibung des Schreckens gelten darf.

In einem Brief an Sebastian Haffner vom 31. Juli 1978 schrieb Jean Améry: »Meine Verletzung deckt keine neue, festverwachsene Haut, und wo eine solche sich schließen will, reiße ich sie auf, da ich doch weiß, dass unter ihr der Eiterungsprozess weitergeht … Ich glaube, Sie kommen zu früh mit Ihrer Objektivität.«[101]

Auch heute gibt es diese festverwachsene Haut nicht. Auch heute bleibt das Erzählen für die Innen-Zeugen notgedrungen subjektiv und unfertig, weil sich nur so eine Erfahrung vermitteln lässt, die von allen anderen Erfahrungen entkoppelt zu sein scheint, die die, die ihr unterworfen waren, aus der Welt fallen ließ. Wenn sie von dieser Erfahrung berichten und sich dabei erneut die Haut aufreißen, dann mag sie denen, die ihnen zuhören, die Objektivität oder Anschlussfähigkeit an eigene Erfahrungen erwarten, merkwürdig erscheinen: zu aufgebracht, zu wirr, zu müde, zu sprunghaft, zu lückenhaft.

Aber vielleicht erkennen sie mit der Zeit auch, dass ebendiese Risse in der Erzählung jenen Rissen entsprechen, von denen Herta Müller sprach: dass sie durch die Person gingen, dass die Brüche in der Erzählung den Brüchen des Vertrauens entsprechen, von denen Jean Améry sprach, dass die Wirrniss in der Erzählung jener Verwirrung entspricht, von der Primo Levi sprach, und dass die Lücken der Erzählung die Trauer um jene spiegeln, die nicht mehr sprechen können.

In seiner Erzähltheorie schreibt der Kulturwissenschaftler Albrecht Koschorke: »Dass Kommunikation nicht darin besteht, Nachrichten wie Pakete von einem Ort an den anderen zu schicken, sondern immer ein Moment der Brechung, der Übersetzung und Transformation in sich trägt, macht Polyglossie als wesentliches, funktionales Charakteristikum von Kulturräumen beschreibbar.«

Und durch diese Brechung, diese Momente der Verschiebung und Übersetzung werden die Erzählungen dem einen vertrauter, dem anderen befremdlicher. Otto Dov Kulka beschreibt, wie er einen Vortrag über Auschwitz hörte und später auch eines der im Vortrag erwähnten Bücher zu dem Thema las und doch keinerlei Zugang zu der dort beschriebenen Realität bekommen konnte – obgleich es doch die eigene war. »Zwischen dieser Beschreibung der Welt, der Landschaften, der Realität und den Bildern, Szenen, den Landschaften, den Erfahrungen, der Gegenwärtigkeit der Vergangenheit, die fortwährend ein Teil meiner Gegenwart sind, verlaufen Ströme, die man nicht überqueren kann.«[102]

Die Beschreibungen diesseits und jenseits der Ströme,

die verschiedenen Formen des Erzählens, die wissenschaftlichen, die biographischen, die Fragmente, Bruchstücke, Fetzen der Erinnerung, sie alle gehören zu der Polyglossie, von der Koschorke spricht.

Die Erzählungen aus den Lagern, aus den Gefängnissen, die Geschichten von Folter und Gewalt, von struktureller Entrechtung und Misshandlung, die Berichte von Vergewaltigungen und sexualisierter Gewalt, sie mögen gebrochen sein und unvollständig, sie mögen leise erzählt werden oder gebrüllt, sie mögen poetisch oder nüchtern daherkommen, sie mögen sich aus vielen Stimmen und Perspektiven zusammentragen, jener der Täter und jener der Opfer, der Innenzeugen, der Außenzeugen und ihrer Kinder und Enkel, sie mögen von den Untergegangenen erzählen oder den Überlebenden, von der Schuld oder dem Unglück, aber mit all den Brüchen und Lücken formieren sie das bewegliche, unfertige, zeitoffene Narrativ unserer Gesellschaft.

Die Erzählung ist beweglich, weil verschiedene Stimmen zu verschiedenen Zeiten zu erzählen bereit sind, weil sie sich an Unterschiedliches erinnern, die eigenen Geschichten oder die der anderen ergänzen oder korrigieren. Die Erzählung ist unfertig, weil es Brüche im Narrativ gibt, Lücken, die vielleicht nicht zu erzählen, aber zu betrauern sind. Die Erzählung ist zeitoffen, weil – wie Hannah Arendt argumentiert hat – sich erst im Gespräch mit anderen die Kontinuität der eigenen Identität beweisen muss.

Es ist auch unsere Identität, die der Ungeprügelten, der Verschonten, der nächsten Generation, der Kinder und Enkel, die wir die Geschichten der Täter und Opfer, auch die unerzählten, geerbt haben, die sich in einem solchen Gespräch erst beweisen muss. Wer wir individuell und als Gesellschaft sein wollen, wer wir sein können, zeigt sich auch darin, ob wir eine solche vielstimmige, unfertige und zeitoffene Erzählung ermöglichen.

Darin liegt der Horizont des Versprechens des »Ja«.

Vielleicht glaubte Anna Achmatowa wirklich, dass sie es könnte, »dies« zu beschreiben, vielleicht wusste sie auch nur, dass »dies« eben kein Paket aus Informationen ist, sondern dass es ein Moment der Brechung enthalten wird, dass »dies« übersetzt und transformiert werden muss.

Und vielleicht wollte sie es auch nur behaupten, wie ein utopischer Vorgriff auf jemanden, dem »dies« zu erzählen wäre. Vielleicht lag in dem »Ja« auch schlicht ihre eigene Hoffnung, dass es jemanden geben werde, dem zu vertrauen und dem »dies« zu erzählen wäre. Uns.

Und dass wir begreifen würden, dass jede Generation wieder neu vor einer Frau mit blauen Lippen stehen wird, die fragt: »Und Sie können dies beschreiben?«, und dass jede Generation wieder neu eine eigene Form und Sprache finden muss, auf diese Frage mit »Ja« zu antworten.

Das Leid der Anderen

Ihr Alter war schwer zu schätzen. Sie konnten alles zwischen neun und dreizehn Jahren sein. Sie trugen zu kurze Hosen, die die Schuhe nicht mehr bedeckten, und zu lange Pullover, die die älteren Geschwister abgelegt hatten. Sie waren Rumtreiber, Kinder, die während der unbewachten Stunden des Nachmittags ziellos durch die Straßen im Flüchtlingslager von Jenin stromerten, auf der Suche nach einer Ablenkung, nach irgendetwas, das diesen Übergang zwischen Kindheit und Erwachsensein erträglicher gestaltete.

Und da muss er ihnen über den Weg gelaufen sein. Dieser kleine Hund. Keine acht Wochen alt. Sie hatten ihn an einen Strick gebunden und schleiften ihn hinter sich her. Ohne Halsband. Wer weiß, wem sie das abgeschaut hatten. Der grobe Strick schnürte dem zitternden Hund die Luft ab. Man konnte ihn japsen hören. Aus einigen Metern Entfernung schon. Es war ein Mischling, ein graugelber Hund mit etwas zu großen Pfoten, die ihm trotzdem keinen Halt auf dem Boden gaben. Der Welpe rutschte mehr, als dass er trippelte, er stemmte sich gegen das Ziehen, gegen das Ersticken, gegen die Tritte der Jungs, die ihn so über die Straße treiben wollten, aus Spaß, aus Zeitvertreib, aus Vergnügen an der Angst, die den kleinen Hund zucken ließ. Die Jungen rissen ihn so, dass er mit langgestrecktem Hals in der Luft hing und die Vorderbeine nicht mehr den Boden berühren konnten.

Sie mussten sie doch sehen, die Panik im Blick des Welpen. Sie mussten es doch hören, wie er fiepte. Sie mussten doch wissen, dass es ihm weh tat, wenn sie mit dem mitgebrachten Ast auf seinen Körper schlugen. Sie mussten doch spüren, wie weich das flaumige Fell, wie jung diese Kreatur war.

Ich bin auf sie losgegangen. Ich konnte nicht an mich halten. Ich konnte die Wehrlosigkeit des Welpen nicht ertragen. Ich bin nicht stolz darauf, denn ich habe alles falsch gemacht, was man in so einer Situation falsch machen kann.

Was ihnen einfiele? Ich konnte die Stimme nicht kontrollieren. Ich schrie. Was ihnen einfiele, diesen Hund so zu schleifen? Was sie mit ihm wollten?

Ich wusste die Antwort. Sie würden ihn quälen. Den ganzen Nachmittag lang. Vermutlich würden sie ihn ertränken. Oder so lange auf ihn einschlagen, bis er sich nicht mehr rührte. Sie waren zu dritt. Einer würde ihn halten, damit er keine Chance hätte, der Welpe, und die anderen würden ihn malträtieren.

Sie standen mit dem Rücken zur Wand und starrten auf Salwa, meine palästinensische Übersetzerin, die fast ebenso erschrocken über meinen Zorn war wie die Jungen und die meinen Ausbruch in der arabischen Übertragung vermutlich abmilderte – und sie lachten. Halb verlegen, halb aufmüpfig. Was ich denn von ihnen wollte? Was mich das Hündchen anginge? Das gehörte ihnen.

Ich wurde immer wütender. Nicht nur über die Erbarmungslosigkeit dieser Jungs, sondern auch über meine eigene Ohnmacht: Ich wollte sie am liebsten verprügeln, mit richtiger Kraft auf sie einschlagen. Ich wollte ihnen weh tun, damit sie spürten, was sie diesem Tier antaten, das nun zwischen meinen Füßen kauerte, zitternd und bebend, und nicht wusste, dass gerade über sein Leben verhandelt wurde.

Die Jungs hatten ja recht. Der Hund gehörte ihnen. Oder zumindest eher als mir. Wenn ich ihnen den Hund wegnähme, dann bestätigte ich ja nur das Gesetz der Gewalt der Gegend, das mich so aufbrachte.

Salwa schaute mich an. Innerlich stand ich nun selbst mit dem Rücken zur Wand, ich bebte vor Zorn ungefähr so wie der Welpe vor Panik und wusste nicht, wie ich den Hund schützen sollte vor den Kindern.

Warum schien mir selbstverständlich, was ihnen gar nicht selbstverständlich war: Mitleid? Wer war eigentlich verwerflicher in dieser Szene: sie, die kein Mitleid spürten, oder ich, die den Schmerz, den sie dem Hund zufügten, in sie hineinprügeln wollte?

Bis heute schäme ich mich für diese Szene.

Und doch frage ich mich auch, was es war, was mich so aufbrachte, wieso ich nicht fassen konnte, dass sie diesem Welpen solche Schmerzen zufügen mochten. Das konnte nur möglich sein, wenn sie nicht mitfühlen konnten.

Wie konnte das gehen? War Mitleid denn keine natürliche Reaktion? Kein Impuls, der aus dem Anblick des Leidens eines anderen gleichsam automatisch hervorgeht? Gab es Grenzen des Mitleids? Welche?

In der Geschichte vom barmherzigen Samariter, die manchen von uns von Kind an erzählt wird, sieht der Samariter den Verletzten am Boden liegen und erkennt das Leid sofort. Es ist kein Verwandter, der dort liegt, es ist ein Fremder, und der Samariter empfängt keinen Lohn für seine Hilfe. Im Gegenteil, er verbindet nicht nur die Wunden des Mannes, der »unter die Räuber gefallen war«, sondern er legt ihn auf sein Tier und bringt ihn zur nächsten Herberge, wo er ihn weiterpflegt. Als er abreist, gibt er dem Wirt, so geht die Geschichte, zwei Silbergroschen für die noch ausstehenden Kosten der Pflege. Er bezahlt also noch die Hilfe, die er dem anderen schenkt.

Der Samariter, so wird es uns erzählt, hilft ohne Grund, es gibt kein eigennütziges Motiv für die Tat. Er sieht einfach einen Notleidenden, und auf die Not des anderen reagiert er, als wäre es seine eigene. So wird die Erzählung auch eingeleitet, als eine Erläuterung der Nächstenliebe, in der der Unterschied zwischen einem selbst und dem Nächsten aufgehoben wird, weil ich den Nächsten so behandeln und lieben solle wie mich selbst.

Vielleicht war das der Fehler. Vielleicht hätte in der Erklärung für Mitleid, Barmherzigkeit und Hilfsbereitschaft das Eigene niemals auftauchen dürfen. Vielleicht hätten Mitleid und Solidarität, alle diese Begriffe, die sich auf das Leid eines anderen beziehen, immer schon entkoppelt sein müssen von mir selbst.

Trotzdem versuchte ich genau das. Ich sagte zu den Jungen: Wenn sie das wären, da an dem Strick, würden sie das wollen, so gequält zu werden? Wenn sie mit dem Hund kein Mitleid hatten, so dachte ich intuitiv, dann musste ich ihre Vorstellungskraft animieren. Sie sollten sich vorstellen, mit ihnen würde das jemand machen. Wie fühlte sich das an?

Sie hielten den Strick fest in der Hand und blieben stumm. Wenn wir geschlagen und gedemütigt werden, so sagten die Blicke der Kinder aus dem Flüchtlingslager von Jenin, dann kann dieser Welpe dieselbe Behandlung erfahren.

Denn wenn für den Nächsten das gelten soll, was für mich selbst gilt, dann, so die stille Logik der Kinder, gilt für den Nächsten vielleicht auch nicht, was für mich nicht gilt.

Und überhaupt: Dies war ein Hund. Kein Mensch.

Erschwert das also das Mitleid? Ist es eine Frage der Ähnlichkeit, die mich den Nächsten überhaupt erst als Nächsten erkennen lässt, bevor ich sein Leid als meinem ebenbürtig anerkennen kann?

Das würde erklären, warum alle Regime, die Menschen demütigen und misshandeln, sie vorher optisch verwandeln. Das würde erklären, warum Gefangene den Kopf geschoren bekommen, warum ihnen ihre persönliche Habe genommen wird, warum sie aller Merkmale ihrer Individualität beraubt werden. Denn die so entstellten Wesen können schwerer als Menschen wahrgenommen werden. Es erleichtert das Foltern, wenn das Opfer keinerlei Ähnlichkeit mit dem Folterer aufzuweisen scheint, wenn es nackt ist, nach Urin und Schweiß riecht, wenn es nur mehr den anderen Opfern ähnelt, aber nicht mir selbst. Das würde erklären, warum wir uns abwenden, wenn der, der in Not ist oder bedürftig, sabbert oder stammelt, stinkt oder nur mehr krabbeln kann, warum wir Ekel vorschieben, wenn eigentlich Mitleid angebracht wäre.

Das würde erklären, warum die Gefangenen in Abu Ghraib Plastiksäcke aufgesetzt bekamen, warum sie auf dem Boden kriechen mussten, am Halsband, wie ein Tier. Das würde erklären, warum das Quälen leichter fällt, wenn derjenige, der misshandelt werden soll, in einem ersten Schritt ästhetisch so entmenschlicht wird, dass er sich mit mir gar nicht mehr vergleichen lässt.

Ist sie das: die qualitative Grenze des Mitleids? Die Ähnlichkeit? Die Wiedererkennbarkeit?

Das würde auch erklären, warum das berühmte Bild aus dem Lager von Trnopolje in Bosnien, auf dem die nackten, ausgemergelten Oberkörper muslimischer Gefangener zu sehen waren, solche Wirkung erzielen konnte auf die schockierte europäische Öffentlichkeit: Das Bild zitierte nicht nur die historischen Aufnahmen der knöchernen Insassen aus deutschen Konzentrationslagern, sondern die Menschen auf diesen Bildern sahen uns auch noch ähnlich. Hätte ein Bild mit weniger blonden Opfern dieselbe Wirkung erzielt?

Das würde auch erklären, warum das scheinbar grenzenlose Mitleid mit den Opfern des Tsunamis so grenzenlos vielleicht doch nicht war: Das Leiden war eben kein Leiden der anderen, sondern der eigenen Freunde und Bekannten, die als Touristen zu Opfern geworden waren.

Und ist sie das: die quantitative Grenze des Mitleids? Die rein praktische Unmöglichkeit, auf all die Bilder, die uns jeden Tag aus allen Teilen der Welt übermittelt werden, zu reagieren? Wer hielte das aus, das unbegrenzte Mitleid?

Das würde erklären, warum wir immun werden mit der Zeit, warum uns die Bilder inszeniert erscheinen – auch wenn sie es nicht sind, warum wir die Ästhetisierung des Leids beklagen anstatt das Leid selbst. Das würde erklären, warum wir nur die personalisierten Geschichten lesen und sehen wollen, weil wir uns so darüber betrügen können, dass das Leid individuell und punktuell sei – auch wenn es kollektiv und strukturell ist.

Und das würde erklären, warum wir Mitleid mittlerweile belächeln als emphatische Empfindung. An sie darf zu Weihnachten gemahnt werden, in sentimentaler Erinnerung an jene Zeiten, in denen die Welt noch so homogen und begrenzt war, dass die Nächsten uns ähnlich und überschaubar erscheinen konnten.

Wenn sie also ausgemacht sind, die Grenzen des Mitleids, die der Ähnlichkeit und die der Unendlichkeit, warum geben wir es dann nicht auf? Den Anspruch und die Erwartung, dass es das geben müsste, Einfühlung in das Leiden des anderen?

Ich stand vor den Jungen an der schmutzigen Mauer, und keiner von uns bewegte sich. Wir wussten keinen Ausweg. Welche Erklärung hätte ich geben können, die sie verstünden? Welche Worte würden sie erweichen? Wie hätte ich den Zorn zügeln können, ohne ihnen den Eindruck der Gleichgültigkeit gegenüber dem Schicksal des Welpen zu vermitteln?

Ich habe deutsch gesprochen. Ganz plötzlich, mehr unbewusst als bewusst, wechselte ich vom Englischen ins Deutsche. Alles, was ich sagen wollte, alles, was ich unverzeihlich fand an ihrem Verhalten, ganz gleich, was sie selbst erlitten hatten, ganz gleich, wie gewöhnt sie waren an die Gewalt, die sie da gerade ausübten, ganz gleich, wie klein sie waren, ganz gleich, ob dies ein Hund und kein Mensch war.

Sie staunten. Ungläubig schauten sie zwischen Salwa und mir hin und her, bis sie begriffen, dass es für diese Sprache keine Übersetzung geben würde. Und erst jetzt, da sie nichts mehr verstehen konnten, schienen sie zum ersten Mal zu begreifen. Da war eine Fremde, mehr verzweifelt als wütend, für die spielte es eine Rolle, was sie taten, für die war es nicht gleichgültig, die regte sich auf, weil sie etwas nicht begriffen, die wollte ihnen nicht etwas wegnehmen, sondern etwas geben: das Gefühl, wie es ist, sich für ein anderes Wesen zu interessieren.

Ich weiß nicht, was aus dem Hund geworden ist. Manchmal fürchte ich, ich hätte dem Tier nur geschadet. Manchmal fürchte ich, die Kinder könnten es aus Rache an der Angst, die ich ihnen eingejagt hatte, getötet haben. Manchmal frage ich mich, ob ich sie nicht doch einfach hätte verprügeln und den Hund befreien sollen.

Aber dann hoffe ich, dass sie mein Mitleid gespürt haben. Nicht nur mit dem Welpen. Sondern mit ihnen. Und ich hoffe, dass sie ihn laufen gelassen haben, den Hund. Nicht nur seinetwegen, sondern ihretwegen.

Anatomie der Folter

»They stripped me from my clothes and all the stuff that they gave me and I spent 6 days in that situation. [ ] And approximiately at 2 at night, the door opened and Graner was there. He cuffed my hands behind my back and he cuffed my feet and he took me to the shower room. [ ] And then Graner and another man, who looked like Graner but doesn't have glasses, and has a thin moustache, and he was young and tall, came into the room. They threw pepper on my face and the beating started. This went on for half an hour. And then he started beating me with the chair until the chair was broken. And they started choking me. At that time I thought I was going to die, but it's a miracle I lived. And then they started beating me again. They concentrated on beating on my heart until they got tired from beating me. They took a little break and then they started kicking me very hard with their feet until I passed out.«[1]

Aussage 0003–04-C1 D 149-B 31 30 (letzte Ziffer unleser-lich) von Mohanded Juma Juma, Häftling Nr. 152307.

Wieder und wieder haben wir die Bilder von den Miss-handlungen in Abu Ghraib gesehen. Wir haben die Berge aus verschraubten Körpern der Opfer auf den Fotos mit Mitleid betrachtet. Wir haben mit Schrecken auf Szenen geschaut, wie menschliche Wesen zu Tieren degradiert wurden, wie die muslimischen Opfer die sexuellen Ängste und Phantasien ihrer Peiniger darstellen, ja ausagieren mussten. Wir haben die Grimassen der Folterer in ihrer perversen Heiterkeit, ihrer Lust an der Selbstdarstellung in Bildern analysiert. Aber während uns das, was wir auf den Laienfotos sehen konnten, intensiv beschäftigt hat, wurden darüber die Verbrechen ignoriert, die nicht zu sehen waren.

Während also die Bilder von Abu Ghraib als exemplarisch für die Ikonographie der Folter und die Rolle der Inszenierung innerhalb der Folter analysiert wurden, müsste auch jenes Abu Ghraib zur Sprache kommen, das sich in den Bildern nicht wiederfindet, jedoch ausführlich dokumentiert ist in zahllosen protokollierten Aussagen ehemaliger Häftlinge. Deren Geschichten sind nicht auf den Fotos zu finden. Vielleicht, weil sie nicht für die Inszenierung taugten, vielleicht weil selbst diese Täter vor manchen Abbildungen ihrer Taten zurückschreckten, vielleicht weil die Öffentlichkeit die Bilder nicht sehen sollte.

In den Transkripten der Aussagen zahlreicher Opfer und Zeugen finden sich Beschreibungen wie die folgende: »Sie haben sie geschlagen, bis sie auf dem Boden zusammenbrachen, und einer von ihnen hatte eine verletzte Nase, und sie blutete. [...] Dann kam der Doktor, um die Wunde zu nähen, und Graner bat den Arzt, ihm doch das Nähen beizubringen, und wirklich, der Wärter lernte. Er nahm Nadel und Faden und setzte sich hin, um die Wunde zuzunähen, und ein anderer Mann kam, um Fotos vom Verwundeten zu machen.« Oder: »Es gab auch einen Übersetzer. Abu Adell, den Ägypter. Der half Graner und Davis und den anderen.«[2]

Ein Doktor, ein Übersetzer, Soldaten mit Namensschildern, Soldaten ohne Namensschilder – alle sind sie beteiligt an den Folterungen in Abu Ghraib. »Das sind isolierte Einzelfälle«, erklärte Donald Rumsfeld am 5. Mai 2004, »sie sind unamerikanisch.« Diese Soldaten hätten das in sie gesetzte Vertrauen verraten. Auf die Frage nach der Aufklärung der gerade publik gewordenen Misshandlungen in Abu Ghraib gab Rumsfeld kurioserweise die Auskunft: »Das System funktioniert.« Für Rumsfeld waren die Misshandlungen das Werk pathologischer Sadisten, klassischer Triebtäter, die mit dem normalen Befehlsempfänger nichts zu tun haben.

Die öffentliche Aufmerksamkeit konzentrierte sich schnell auf jene Armeeangehörige, die dem von Rumsfeld beschworenen Bild notorischer Gewalttäter oder gestörter Renitenten am ehesten entsprachen: Charles Graner und Lynndie England. Zur strukturellen, politischen Analyse der Geschehnisse taugt jedoch ein anderer, eher unbeachteter Täter weit eher: Ivan Frederick, Reservist aus West Virginia, ein bis dahin unbescholtener weißer Bürger, im zivilen Leben Aufseher in einem staatlichen Gefängnis in Buckingham Court.

Die Welt ist klein in Buckingham Court im US-Bundesstaat Virginia. Und sie ist übersichtlich. An der Route 60, der örtlichen Durchgangsstraße, liegt der »Video Voyage«-Laden, der auf einem sonnengebleichten

Werbeplakat »Kill Bill« anbietet, daneben, hinter verstaubten Jalousien, das örtliche Fitnesscenter, dann kommt ein von zwei antiken Kanonen eingerahmter Obelisk – das Denkmal für die Soldaten der Konföderierten Armee aus dem Bürgerkrieg. Sonst nichts. Kein Kino, kein Supermarkt, keine Bar. Auch kein Kiosk, an dem man Zeitungen kaufen könnte. Die Welt gibt es in Buckingham nur im Fernsehen, in den Nachrichten von CNN und Fox News.

Auf der Nordseite der Route 60 liegen die Baptistenkirche »Maysville« und der Friedhof. Blank geputzt sind die Grabplatten, ordentlich gesteckt die Blumengebinde auf den Gräbern, als wären sie frisch. Hier liegen die Söhne der Stadt. Geboren und gestorben in Buckingham Court. Kaum beachtete Biographien in den verarmten Landstrichen rechts und links der Route 60. Wären da nicht die Kriege, in denen sie Ruhm oder den Tod gefunden haben: der Erste Weltkrieg, der Zweite Weltkrieg, der Koreakrieg. Vor den Wohnhäusern auf beiden Seiten der Straße flattern die Stars and Stripes und ab und an auch mal eine Flagge mit dem Andreaskreuz der Südstaaten.

Die geordnete Welt von Buckingham Court, Virginia

Im Garten von Martha Frederick, ein wenig abseits der Route 60, künden blau-weiß-rote Sterne und Streifen vom ortsüblichen Patriotismus. Sauber und gepflegt ist der Rasen. Zwei Blumentöpfe flankieren die kurze Treppe zur Veranda. Der Grill ist ordentlich mit einer Plastikplane abgedeckt. »Von jeder Reise, von jedem Einsatz hat er eine amerikanische Flagge mitgebracht«, sagt Martha Frederick. »Er war so stolz auf dieses Land.« Sie spricht in der Vergangenheit von ihrem Mann, so als wäre er schon gestorben. Als würde sie nicht mehr warten. Dabei ist die geordnete Welt von Buckingham Court schon längst aus den Fugen, seit die Bilder aufgetaucht sind, die das Gefängnis von Abu Ghraib in der ganzen Welt bekannt gemacht haben. Diesen ganz und gar unübersichtlichen Ort. Den Ort, an dem aus ihrem Ehemann Ivan Frederick ein Folterer wurde.

Ivan Frederick, den alle nur »Chip« nennen, wächst in den Wäldern des westlichen Maryland auf. Gleich nach der Highschool meldet er sich zu den Reservisten der Nationalgarde. Sein Drill-Sergeant hält nicht viel von dem schüchternen jungen Mann. Auf einer Schulung für angehende Gefängnisbedienstete lernt er 1996 seine spätere Frau Martha kennen. Sie ist seine Vorgesetzte, Mutter von zwei Kindern, und sie ist schwarz. Doch das ungleiche Paar heiratet. Drei Jahre später hat sich die Familie eingerichtet. Morgens fahren die beiden zusammen zur Arbeit ins Gefängnis.

Das Buckingham Correctional Center, eine vierstöckige staatliche Haftanstalt, ist der größte Arbeitgeber der Region. Knapp 1 000 Insassen werden von 400 Angestellten bewacht und verwaltet. Auch misshandelt? Jeder Einsatz von Gewalt seitens des Wachpersonals werde »strikt überprüft«, sagt Gerald K. Washington, der Direktor der Haftanstalt. »Es können hier nur Leute eingesetzt werden, denen ich vertrauen kann.« Seinem Angestellten Frederick hat Washington stets vertraut.

Fredericks übersichtliches Leben ändert sich mit dem 11. September 2001. Die USA ziehen in den Krieg gegen den Terror, und der Dienst bei den Reservisten – bisher lediglich ein Wochenende pro Monat plus einmal im Jahr eine zweiwöchige Übung – wird zur Vollzeitbeschäftigung. Oberfeldwebel Frederick wird eingezogen und nach Pennsylvania verlegt.

Auf einen möglichen Einsatz im Irak werden die Soldaten der 372. Kompanie der Militärpolizei nur bedingt vorbereitet: Sie trainieren Patrouillen, simulieren Geschwindigkeitskontrollen und werden an Waffen ausgebildet. Über kulturelle Besonderheiten im Irak erfahren sie nichts und auch nichts über die Genfer Konventionen.

Von dem geheimen Arbeitsgruppenbericht über »Verhöre von Gefangenen im globalen Krieg gegen den Terrorismus«, der Donald Rumsfeld, dem obersten Dienstherrn des Reservisten, am 6. März 2003 vorgelegt wird, weiß Frederick nichts. Die Anschläge vom 11. September seien von Saddam Hussein unterstützt worden, hat Vizepräsident Dick Cheney im Fernsehen gesagt. Im Irak lagerten Massenvernichtungswaffen, hat Condoleezza Rice im Fernsehen gesagt. Und Frederick glaubt ihnen.

Im Mai 2003 wird der Oberfeldwebel mit der 372. Kompanie der Militärpolizei unter Hauptmann Donald Reese in den Irak entsandt. In einem seiner ersten Briefe an Martha schreibt er: »Ich bin frustriert, weil ich hier und nicht bei dir bin. Aber wenn das alles dazu dient, dieses

Land hier zu einem besseren zu machen und gleichzeitig meine Familie zu beschützen, dann will ich dem dienen.«

Im selben Monat, in dem Frederick im Irak eintrifft, werden von der US Army Criminal Investigation Command (USACIDC) Ermittlungen gegen vier Soldaten des 320. Militärbataillons eingeleitet. Ihnen wird die grausame Misshandlung von Gefangenen in Camp Bucca vorgeworfen. Doch es kommt nicht einmal zu einer Anklage – die Täter in Uniform kommen mit einer unehrenhaften Entlassung davon.

Im Zweistromland angekommen, beginnt Frederick, auf seinem kleinen Camcorder ein digitales Tagebuch seines Einsatzes zu führen. Für seine Frau daheim filmt er sich selbst und den Alltag im Krieg. Es sind heitere Aufnahmen, ohne Leid und ohne Zweifel. Er filmt auf Patrouille, bei der Fahrt durch die staubigen Straßen, und immer wieder filmt er Kinder. Doch schon bald zeigt die glatte Oberfläche erste Risse: Obgleich seine Einheit im Irak zu Straßenkontrollen eingesetzt werden soll, sind die Soldaten nicht mit den nötigen Schutzwesten ausgestattet. Nach einem verzweifelten Anruf von »Chip« bestellt Martha Frederick über eine Internetfirma eine kugelsichere Weste und lässt sie ihrem Mann schicken.

»Ich kann es nicht erwarten, dich wiederzusehen«, sagt »Chip« in seinem Filmtagebuch. Er steht aufrecht, trägt das grüne, kurzärmlige Militär-T-Shirt, am linken Oberarm ein Tattoo mit dem Kosenamen seiner Frau, »Tinki«. Er schaut direkt in die Kamera. Nur ab und an zuckt er zusammen. Dann wischt er mit einer fahrigen Handbewegung die Fliegen und die innere Unruhe beiseite. »Es ist ziemlich hart hier«, sagt Frederick am 13. Juni.

Im Juni 2003 erhält Generalin Janis Karpinski, die bereits im ersten Golfkrieg dabei war und zuvor noch nie eine Haftanstalt geleitet hat, die Befehlsgewalt über alle Militärgefängnisse im Irak. Ihrem Kommando unterstehen acht Bataillone Militärpolizei und 3400 Reservisten.

Mit der Zeit gelingt es Frederick immer weniger, die Fassade aufrechtzuerhalten. Das Filmtagebuch wird nach und nach zu einer Dokumentation des psychischen Verfalls. Mit tiefen Rändern unter den Augen sitzt ein verzagter Frederick schließlich im weißen Unterhemd im Dunkel der Nacht. Er nuschelt nur noch, den Blick in die Kamera scheut er ganz. Unruhig schaut er um sich, manchmal ragt das in den Schoß gestemmte Maschinengewehr ins Bild. »Dieser Ort ist völlig außer Kontrolle«, sagt er leise, »Bush hat uns belogen. Der Krieg sei zu Ende, hat er behauptet. Aber davon kann keine Rede sein.« Da ist er noch nicht einmal in Abu Ghraib stationiert.

Am 31. August trifft General Geoffrey D. Miller, Kommandeur der Joint Task Force in Guantánamo Bay, im Irak ein. Mit seinem Team, das den Gefangenen in Kuba bereits zu diesem Zeitpunkt auf Anweisung Rumsfelds mit Schlafentzug zusetzen darf, mit Dauerlärm oder der Androhung sexueller Misshandlung, sucht er nach »Möglichkeiten, Gefangene rasch auf handlungstaugliche Informationen hin auszubeuten«.

Im September 2003 empfiehlt Miller, die Einheiten der Armee, die das Gefängnis kontrollieren, den Geheimdiensten zu unterstellen. Zudem habe der Einsatz der Soldaten auch zum Ziel, »aktiv die Umstände herzustellen, unter denen die Gefangenen erfolgreich ausgebeutet werden können«.

Am 17. September schreibt Ivan Frederick an seine Frau: »Die neusten Nachrichten: Wir erhalten nicht den Einsatz, den ich erhofft hatte, sondern sie haben uns die Aufgabe im Bagdader Gefängnis Abu Ghraib zugewiesen, von dem ich schon erzählt hatte.« Abu Ghraib müsste eigentlich ein passender Einsatzort für einen professionellen Gefängniswärter sein. Doch Frederick sträubt sich. »Ich fürchte mich davor, aber was kann ich tun?«

Ohne klare Dienstanordnung

Als Fredericks Einheit in Abu Ghraib eintrifft, sind die Zustände dort bereits außer Kontrolle: Mehrere tausend Häftlinge hausen in dem Barackenkomplex sowie in den beiden angrenzenden Zeltlagern Camp Vigilant und Camp Ganci: Jugendliche, Frauen, psychisch Kranke, Kriminelle und Gefangene der Staatssicherheit, alle werden hier festgehalten. Fredericks unmittelbarer Vorgesetzter, Hauptmann Reese, entdeckt auf seinem ersten Rundgang im Zellenblock 1-A nackte Gefangene. Reese, im zivilen Leben Jalousienverkäufer, wendet sich an die Geheimdienstoffiziere, die ihm versichern, dass daran »nichts ungewöhnlich oder illegal« sei.

Seit General Millers Empfehlungen steht Abu Ghraib unter dem Kommando der Geheimdienstabteilungen.

Staatliche Angestellte der CIA, Mitarbeiter der privaten Sicherheitsfirmen Titan Corporation und CACI – sie alle regieren in Abu Ghraib, »ohne dabei ordentlich überwacht zu werden«, wie es später in einem offiziellen Untersuchungsbericht heißt. Zum Dienst erscheinen diese Leute in ziviler Kleidung oder Uniform, mit Namensschildern oder ohne.

In zahlreichen Anrufen bei Martha klagt Frederick, es sei alles ein einziges Durcheinander. Es gebe keine klaren Dienstordnungen in diesem Gefängnis. Den einen Tag müsse man einem neuen Vorgesetzten salutieren, am nächsten werde man dafür zurechtgewiesen. Die Sicherheitsbeamtin Martha empfiehlt ihm, er solle doch seine eigene Dienstordnung schreiben. Unmöglich, er habe nichts zu sagen in diesem Gefängnis. Von der widerwärtigen Realität in Abu Ghraib traut er sich nicht zu erzählen.

Im Oktober schreibt Major Dinenna vom 320. Militärbataillon mehrere E-Mails an Major William Green von der 800. Militärpolizeibrigade, in denen er die grauenhaften Bedingungen in Abu Ghraib anklagt. Im Essen der privaten Firma, die das Gefängnis belieferte, finde man Ratten, Wanzen und Dreck, schreibt Dinenna. Statt Unterstützung jedoch erhält der Major nur eine Rüge: »Wer macht die Anschuldigung mit Dreck und Wanzen im Essen? Wenn sie von den Gefangenen stammt, braucht man dem keinen Glauben zu schenken.« Major Dinenna gibt zurück: »Unsere Militärpolizei, unsere Krankenpfleger und unser Feldarzt können durchaus Dreck, Wanzen und Ratten identifizieren – und das haben sie getan.« Hat die Gleichgültigkeit gegen die Gefangenen damit zu tun, dass die muslimischen Opfer schon längst nicht mehr als legitime Gegner in einem konventionellen Krieg anerkannt werden?

Wie Wolfgang Sofsky in seinem Buch »Die Ordnung des Terrors« schreibt, ist die Institutionalisierung des Terrors eine Bedingung für die Entgrenzung der Gewalt. »Erst einmal als Institution sedimentiert, wirkte habituelle Gewalt auf den Täter zurück.« Die Soldaten von Fredericks Einheit ahmen nur nach, was sich längst als Verhalten etabliert hat. Angesichts der unklaren Zuständigkeiten, der chaotischen Hierarchien, in einem Krieg gegen den Terror, in dem alle Hemmungen längst verloren, alle Normen schon gebrochen sind, bedarf es gar nicht mehr eines präzisen Befehls.

Die Vorgesetzten, Oberst Thomas Pappas, der Kommandeur einer Brigade des Militärgeheimdienstes, dessen Kollege, Oberstleutnant Steve Jordan, und Steve Stefanowicz, ein Verhörspezialist der privaten Sicherheitsfirma CACI, setzen die ihnen zugewiesenen Reservisten als Handlanger ein: »Macht den Kerl weich für uns«, lauten die vagen Anweisungen der Geheimdienstler an die Soldaten der 372. Kompanie. »Bereitet ihm eine schlechte Nacht.« Jemand wie Stefanowicz, wird Generalmajor Taguba später in seinen Untersuchungsbericht schreiben, wisse genau, »dass seine Befehle physische Misshandlung bedeuten«. Und Frederick und seine Kollegen tun, was ihnen gesagt wird. Frederick verweigert nicht den Befehl. Er verweist nicht auf die Genfer Konvention. Er beruft sich nicht auf sein Gewissen oder auf seine Erfahrung im Gefängnis von Buckingham County.

Auffällig an Abu Ghraib ist die Gleichzeitigkeit von Befehlsordnung und Unordnung: Die Soldaten sind eingebunden in Strukturen, doch diese werden beständig verändert und aufgelöst, sie müssen gehorchen, aber die Anweisungen sind vage, fordern zu eigenmächtigem Handeln auf, sie geben Richtungen der Gewalt vor, aber lassen Raum für Exzesse. So wird der Einzelne einerseits zur Folter aufgefordert und in sie eingebunden, aber gleichzeitig als Einzelner be- und entlastet.

Hatte Donald Rumsfeld das gemeint, als er Mitte 2002 seine Militärführung dazu ermutigte, mehr Risiken einzugehen?

Letzte Zweifel an ihrem Handeln werden den Aufsehern von ihrem Vorgesetzten Stefanowicz genommen: Sie erledigten »hervorragende Arbeit«, die Gefangenen könnten nun viel leichter »abgeschöpft« werden.

Gewalt an Häftlingen wird zum Alltag in Abu Ghraib. Keiner der Krankenpfleger, die die malträtierten Leiber behandeln müssen, stoppt die Misshandlungen. Die Folter von Gefangenen gehört so sehr zur Routine, dass laut Aussage von Ivan Frederick eines der Fotos von Misshandlungen als Bildschirmschoner des Computers im Hauptverhörzimmer dient.

Das politische System mit seinen geheimen Memos, offiziellen Anordnungen, den privaten Firmen, den internationalen Söldnern, die Mischung aus Ordnung und Anarchie, die beabsichtigten Phasen kontrollierter und orgiastischer Gewalt, die Verunsicherung durch den Wechsel von Hierarchie und Chaos, von Anordnungen und Planlosigkeit – dieses System funktionierte perfekt.

Auch über die Warnungen von Soldaten, die zufällig Zeugen der Zustände im Zellenblock 1-A werden, setzen sich alle hinweg. Monatelang geschieht nichts. Warum schreitet niemand ein? Weil sie nichts von der Gewalt vor ihren Augen gewusst haben? Oder weil sie wussten, dass die Gewalt von der obersten Führung erwünscht war?

Im Spätherbst ruft Frederick bei Martha an: Schreckliche Dinge geschehen hier, erzählt er seiner Frau. Er könne am Telefon nicht darüber sprechen, aber nach seiner Rückkehr aus dem Irak werde er therapeutische Behandlung benötigen. Erst am 14. Januar ist alles vorüber. Spätnachts klopfen Ermittler an Fredericks Tür, und der Oberfeldwebel wird abgeführt. Zwei Wochen später wird Generalmajor Antonio Taguba beauftragt, die Vorfälle zu untersuchen. »Systemische Probleme« konstatiert Taguba, »mangelnde Führung« und »unzureichende Ausbildung« der Militärpolizei. Doch vor Gericht standen nur die Reservisten der Militärpolizei der 372. Kompanie, die willigen Vollstrecker. Mittlerweile ist Frederick zu acht Jahren Gefängnis verurteilt. Daheim in Buckingham Court kann Martha Frederick die Welt nicht mehr verstehen. »Die haben uns mit Lügen in den Krieg geführt«, sagt sie, »und jetzt benutzen sie die einfachen Soldaten als Sündenbock für ihre Verbrechen.«

Liberaler Rassismus

Von dem afro-amerikanischen Komiker und Entertainer Bert Williams stammt der Satz: »Es ist keine Schande, schwarz zu sein. Aber es ist enorm ungünstig.«

Dieser Tage gilt: Es ist keine Schande, Muslim in Europa zu sein, aber es ist enorm ungünstig.

Muslime im Singular scheint es nicht mehr zu geben. Sie sind als Individuen unsichtbar, als Leute, denen ihre Mitgliedschaft bei dem lokalen Fußballverein oder ihre Arbeit als Krankenpfleger wichtiger sein könnte als ihre Herkunft aus Bosnien oder Afghanistan. Muslime gibt es gegenwärtig selten als Lehrer oder Schlosser, als Liebhaber von Neil Young oder Munir Bashir, Muslime gibt es selten als gläubig und schwul, als Atheisten und Opelaner – nicht, weil es sie nicht gäbe, sondern weil sie so nicht mehr wahrgenommen werden.

Jeder einzelne Muslim wird verantwortlich gemacht für Suren, an die er nicht glaubt, für orthodoxe Dogmatiker, die er nicht kennt, für gewalttätige Terroristen, die er ablehnt, oder für brutale Regime in Ländern, aus denen er selbst geflohen ist. Muslime müssen sich distanzieren von Ahmadinedschad in Iran, den Taliban in Afghanistan, von Selbstmordattentätern und Ehrenmördern, und diese Distanzierung glaubt ihnen doch keiner, weil alles gleichgesetzt wird: Islam und Islamismus, Glaube und Wahn, Religiosität und Intoleranz, Individuum und Kollektiv.

Zum Vergleich: Wenn eine Debatte über sexuellen Missbrauch in katholischen Schulen geführt wird, wird auch nach den Strukturen gefragt, die den Missbrauch ermöglicht haben. Aber man erwartet nicht von beliebigen Gläubigen, dass sie sich von solchen Taten distanzieren, und niemand würde den bekennenden Katholiken Harald Schmidt auffordern, die Praktiken ihm fremder Jesuitenpatres zu verdammen.

Früher nannte man es Rassismus, wenn Kollektiven Eigenschaften zugeschrieben wurden. Heute dagegen gelten dumpfe Vorurteile als »Angst, die man ernst nehmen muss«. Was diesen neuen Rassismus rhetorisch so elegant aussehen lässt, ist, dass das Unbehagen gegenüber Muslimen niemals als Unbehagen gegenüber Muslimen artikuliert wird. Vielmehr kommen die Angriffe stets im Gewande des Liberalismus und als Verteidigung der Moderne daher. Es sind Werte einer aufgeklärten, sympathisch pluralen Lebensweise, die in Stellung gebracht werden gegen den Islam.

Dabei werden Muslimen jene Eigenschaften und Überzeugungen zugeschrieben, die eine moderne Gesellschaft als intolerant geißeln muss. Ein typisches Beispiel sind die Einwanderungstests des Landes Baden-Württemberg, bei denen die Frage der Einbürgerung von der Haltung der Einwanderer zur Homosexualität abhängig gemacht wurde, oder die des Landes Hessen, die ein modernes Frauenbild abfragen wollten. Wer wollte nicht die modernen Vorstellungen des Zusammenlebens verteidigen? Das ist ja der Konsens, auf dem unser Grundgesetz und unsere Gesellschaftsordnung beruhen.

Es klingt auch irgendwie besser und emanzipierter als die Ideologie von Leuten, die dogmatisch an repressiven Familien- oder Sexualitätsvorstellungen festhalten. Implizit wird dabei immer auch die eigene liberale Fortschrittlichkeit behauptet. Vergessen sind die Versuche der CDU, gegen die Eingetragene Partnerschaft zu votieren, vergessen die Rückständigkeit des Familienbildes der Christlich-Demokratischen Union, das Festhalten am Institut der Ehe als eines zwischen Mann und Frau oder das Verweigern des Adoptionsrechts für homosexuelle Paare.

Es ist eine eigenwillige Allianz aus atheistisch-kritischem Feminismus und christlichem Konservativismus, die etwa das Kopftuch als Projektionsfläche für berechtigte Kritik an Misshandlung von Frauen einerseits und zugleich für eine phobische Scheu vor Andersartigkeit instrumentalisiert. Da überrascht es gelegentlich, wem es da auf einmal so außerordentlich um Frauenrechte geht, und der Verdacht liegt nahe, dass Missachtung vor allem dann entdeckt wird, wenn es sich um muslimische Formen des Patriarchats und des Machismo handelt, als seien die nicht genauso widerwärtig, wenn sie von Nicht-Muslimen ausgeübt werden. Wie viele nicht-muslimische Bewohner Baden-Württembergs oder Hessens ihre Staatsbürgerschaft entzogen bekämen, müssten auch sie den Test ihrer aufgeklärten Toleranz ablegen, bleibt unklar. Intolerant und illiberal sind immer nur die anderen.

So ist eine Diskussion um den Islam in Europa entbrannt, die nicht mehr nur am rechten Rand Gemüter aufstachelt, sondern das bürgerliche Zentrum erreicht hat. Das Misstrauen gegen muslimische Europäer wird nicht mehr nur von den schrillen Vertretern rechtsnationalistischer Parteien geschürt wie Nick Griffin von der British National Party (BNP) in England, der eine Re-Patriierung von »nicht-indigenen« Briten fordert, oder Geert Wilders von der Freiheits-Partei (PVV) in den Niederlanden, der den Koran mit Hitlers »Mein Kampf« vergleicht. Solche Parteien haben es vielmehr geschafft, dass auf einmal die bürgerliche Mitte über Konfliktlinien diskutiert, die von rechts außen diktiert wurden: In der Schweiz sollen Minarette verboten werden, in Frankreich die Totalverschleierung, und in den Medien wird eine Debatte über die »Eroberung Europas durch den Islam« geführt.

Was aber hat dieser Blick auf den Islam mit Europa zu tun? Was sagt diese Diskussion über uns Nicht-Muslime, Christen, Juden oder Atheisten, aus? Wenn eine Minderheit die Mehrheit so verunsichern kann, wie gefestigt ist dann die eigene Identität? Muslimische Fanatiker gab es schon früher, Ehrenmorde und Selbstmordattentate auch. Vielleicht ist es aber kein Zufall, dass der Blick auf die Integration der europäischen Muslime sich gerade in jener historischen Phase verschärft, in der Europa sich mit seiner eigenen Integration befasst. Möglicherweise gibt es auch einen Zusammenhang zwischen schrittweiser Emanzipation und gleichzeitiger Diskriminierung der eben emanizipierten Bürger. Es könnte sein, dass gerade die Reform des Staatsangehörigkeitsrechts unter der rot-grünen Bundesregierung 1999 zu Paradoxien bei der Anerkennung der Muslime geführt hat. Wer vorher als Tunesier oder Iraker wahrgenommen wurde, ließ sich national unterscheiden. Sobald die Einwanderer Deutsche werden konnten, mussten sie mindestens Muslime bleiben, sonst wären sie ununterscheidbar gewesen. Erst in den Jahren nach der rechtlichen Anerkennung als Staatsbürger wurde deutlich, dass die formale Gleichstellung keineswegs eine soziale bedeutete. Wie auch die französischen und die Schweizer Islamdiskussionen in eine Zeit der nationalen Verunsicherung fielen.

Wenn die Konflikte mit Muslimen aber weniger mit den Muslimen als mit uns selbst und mit Europa zu tun haben, dann sollten wir uns fragen, was die europäische Aufklärung kennzeichnete, was die historischen Prozesse und Prinzipien, die sie etablierte, Säkularisierung, Liberalismus und Toleranz wirklich bedeuten und was diese Werte im Umgang mit Muslimen verlangen.

Ursprünglich bezeichnete »Säkularisierung« lediglich den Rechtsakt, durch den der Besitz und die weltlichen Güter der Kirche geschmälert wurden. Im weiteren Sinne bezeichnet der Begriff die Verdrängung kirchlicher Autorität aus dem Bereich weltlicher Herrschaft. Säkularisierung stellt also nicht die Praktiken der Gläubigen in Frage, sondern etabliert das politische System als unabhängig von kirchlichen Einflüssen. Säkularisierung ist nicht antireligiös, sondern antiklerikal. Die individuelle Frömmigkeit, aber auch die öffentliche Sichtbarkeit von religiösen Symbolen sind eine ganz andere Frage.

Wer das Kopftuchtragen an öffentlichen Schulen oder den Bau von Minaretten untersagen will, sollte sich daher nicht auf die Säkularität berufen. Das ist einer der Gründe, warum die Verfechter des Kopftuchverbots den Schleier auch nicht als Ausdruck religiösen Glaubens anerkennen, sondern ihn als Instrument und Symbol der Unterdrückung deklarieren, so wie die Anhänger des Minarettverbots die Moschee nicht als Gotteshaus, sondern als Raum der Terror-Vorbereitung definieren. Was dem einen die rhetorische Keule der Terrorgefahr, ist dem anderen die der Unterdrückung von Frauen. Das Problem ist weniger die Frage, ob es muslimische Mädchen und Frauen gibt, die zum Tragen des Schleiers gezwungen werden – das kann nicht bezweifelt werden –, die Frage ist: was unterdrückt? Wirklich das Stück Stoff selbst? Oder die patriarchalen Beziehungsgeflechte, die die Autonomie der Frau ignorieren? Stoppt das Verbot des Kopftuchs die Strukturen der Unterdrückung? Oder ergänzt diese Entscheidung nur das Gefühl der Entmündigung durch Vater oder Ehemann um das Gefühl der Entmündigung durch Gesellschaft und Staat? Das Kopftuch darf oder muss die Frau dann nicht mehr tragen, aber wird sie damit auch schon aus der Struktur der Unterdrückung befreit? Wären nicht Ausbildungs- oder Job-Angebote an muslimische Frauen ein erfolgversprechenderes Instrument der Emanzipation als ein Burka- oder Kopftuchverbot? Wenn wir die häusliche Verwahrlosung eines Kindes an seiner Kleidung in der Schule erkennen, glauben wir dann, die Anordnung von Schuluniformen würde das Problem beheben?

Der Rationalismus der Aufklärung und der liberale Individualismus, auf den sich die Islam-Kritiker gern berufen, orientieren sich stets an der Autonomie des einzelnen Menschen. Was Aufklärung und Liberalismus verteidigen, ist das Selbstbestimmungsrecht des Individuums: Nicht Kirche, nicht soziale Klasse, nicht Herkunft sollen über das moderne Subjekt bestimmen dürfen, sondern die autonome, freie Wahl des Einzelnen muss vom Staat geschützt und verteidigt werden.

Wer das Kopftuch prinzipiell verbietet, muss sich also fragen, ob es wirklich undenkbar sein soll, dass eine Frau freiwillig ein Kopftuch tragen möchte. Wenn eine Muslima ein Kopftuch tragen möchte, muss das in einem liberalen Staat ebenso schützenswert sein wie ihre Entscheidung, keines zu tragen. Wer Frauen verteidigen will, sollte ihnen eine selbstbestimmte Wahl ermöglichen, sollte Gewalt gegen Frauen (ob muslimisch oder nicht) ahnden und die, die Frauen misshandeln, verurteilen.

Nun bleibt die Gefahr, die Befürworter eines Burka-Verbots zu Recht benennen, dass das soziale Umfeld, in dem Frauen die Burka tragen, eine solche freie Wahl vielleicht nicht zulässt. Das ist ein ernstzunehmender Einwand. Aber wenn Frauen, wie in Frankreich erörtert, das Burkatragen in Bussen oder U-Bahnen verboten wird, werden die Frauen, die zur Burka gezwungen werden, dann von ihren Ehemännern wirklich unverschleiert auf die Straße gelassen? Oder müssen sie zu Hause bleiben? Die Publizistin Hilal Sezgin hat in der *Frankfurter Rundschau* dazu den Vorschlag gemacht, Frauen mit Burka sollten lieber Übersetzer zur Seite gestellt bekommen, um ihre Spielräume zu vergrößern.

Das Erbe der Aufklärung bedeutet, einen Freiraum zu verteidigen, in dem individuelle Vorstellungen des Glücks gelebt werden können, ohne dass der Staat intervenieren darf. Säkularisierung war insofern auch immer gekoppelt an das Prinzip der Glaubensfreiheit. Das politische System, die Gesetze des Staates, das Bildungswesen sollten weltlich und dem Einfluss der Kirche entzogen sein, aber innerhalb dieser politischen Ordnung sollte den Bürgern ihre eigene Religiosität, ihre eigene Weltanschauung, ihre eigene Vorstellung vom guten Leben gestattet sein.

Dieses Erbe bedeutet die Möglichkeit, sich rational oder irrational, religiös oder nicht religiös zu orientieren, es bedeutet die Freiheit, sich nach einer anderen Welt zu sehnen, aber den Rechtsstaat und die Glaubensfreiheit der anderen anzuerkennen. Diese Freiheit, sich selbst oder die Realität überschreiten zu wollen, ist es, die Menschen kreativ sein lässt. Es mögen religiöse oder atheistische Visionen sein, die uns über uns hinauswachsen lassen. Aber wir verkümmerten in unserem Gemeinwesen und in unserer Lebensfreude, wenn wir sie beschneiden würden.

Eine Glaubensfreiheit, die eigentlich Zwangsatheismus als einzige Form der Modernisierung akzeptiert, ist keine. Eine Glaubensfreiheit, die nur den christlichen Glauben meint, ist auch keine. Toleranz ist in Wahrheit immer Toleranz von etwas, das einen anwidert oder irritiert. Toleranz dämmt Abneigung, nicht Zuneigung. Und in modernen, pluralen Gesellschaften, mit unterschiedlichsten existentiellen, sexuellen oder ästhetischen Neigungen, wird das Tolerieren von Praktiken und Überzeugungen anderer von jedem verlangt: Die Geißelungen bei den Osterprozessionen in Sevilla erscheinen den einen so pervers wie anderen die Sado-Maso-Spielchen auf den Christopher-Street-Day-Paraden in Paris oder Berlin; der männliche Blick, der junge Mädchen unter den Schleier zwingt, erscheint den einen ebenso sexistisch wie anderen der, der sie sich in High Heels quetschen und rundum entblößen lässt; die Vorstellung der Eucharistie ist den einen so befremdlich wie den anderen der Glaube an 72 Jungfrauen im Paradies; die Wagnerbegeisterten in Bayreuth wirken auf die einen so befremdend wie auf andere die St. Pauli-Fans am Millerntor. Wer denkt, nur Muslime glaubten an unwahrscheinliche Geschichten, sollte gelegentlich in eine Messe gehen oder Chatrooms im Internet besuchen. Für ähnlich geartete Lebensformen oder Überzeugungen braucht es keine Toleranz.

Natürlich gibt es eine richtige und notwendige Kritik an radikalem Fundamentalismus und Gewalt, ob sie nun von Muslimen oder Christen ausgeht (wer meint, nur unter Muslimen gebe es Antisemiten oder religiös motivierte Kriminelle, sollte sich die Pius-Brüder ansehen oder die gewalttätigen evangelikalen Abtreibungsgegner). Aber der Unterschied zwischen Aufklärung und Rassismus macht sich daran fest, ob diskriminierende Praktiken und Verbrechen angeklagt werden oder ganze Bevölkerungsgruppen. Die Gefahr für das Erbe der Aufklärung sind nicht Andersgläubige, sondern die Ideologen, die politische oder soziale Fragen in religiöse oder ethnische umdeuten. Rassismus und Fremdenfeindlichkeit sind ebenso Feinde der europäischen Idee wie Glaubensfuror und Terrorismus.

Die europäischen Ideale der Aufklärung, der Säkularisierung, der Toleranz und der Rechte des Individuums scheinen in Europa immer mehr in Vergessenheit zu geraten. Verteidigt werden sie gegenwärtig am ehrlichsten nicht in Berlin oder in Paris, sondern in Teheran. Es sind junge Frauen mit Kopftuch, die gegen ein religiös-fundamentalistisches Regime kämpfen, junge Menschen, die »Allahu Akbar«, Allah ist groß, rufen und ihr Leben riskieren im Kampf gegen Despotie. Sie sind der Beweis dafür, dass Aufklärung und Menschenrechte, Toleranz und Glaubensfreiheit, universal gelten müssen, für Gläubige oder Ungläubige, Muslime oder Christen, Juden oder Atheisten. Daran sollten wir in Europa uns erinnern.

Der verdoppelte Hass
der modernen Islamfeindlichkeit

Bei einem Blick durch die geläufigen Internetforen, in denen sich der Hass auf Muslime an sich selbst labt, fällt er mir gelegentlich wieder ein: der Aussteiger aus der Neonazi-Szene, der in einem Gespräch vor vielen Jahren einmal gestand, dass er auf der Fahrt zu rechten Demonstrationen und Aufmärschen gern »den Juden gegeben« habe. Auf die erstaunte Nachfrage, was das denn heißen solle, erwiderte er, er habe früher, zu seiner Zeit als überzeugter Antisemit, zum Zeitvertreib im Bus und zum großen Vergnügen seiner Kameraden einen »typischen Juden« parodiert.

Wie das gemeint sei? Daraufhin holte er aus einem alten Karton die Requisiten seiner Auftritte: eine riesige, gebogene Gummi-Nase, eine altertümliche Nickelbrille und ein dunkles Bärtchen. So pflegte er sich in das zu verwandeln, was aus der verachtenden Perspektive eines Rechtsextremen angeblich ein stereotyper Jude sei. Er lächelte etwas verschämt in der Erinnerung an seine Darbietungen, lobte seine eigenen schauspielerischen Fähigkeiten und erzählte dann halb fröhlich, halb peinlich berührt, dass er in dieser Maskierung, ergänzt um eine dunkle Perücke und einen langen, schwarzen Mantel, auch mal

»Kinder erschrecken« gegangen war, damit sich ihnen früh das Bild des »düsteren Juden« einpräge und sie gehörig Angst bekämen.

Viele Kinder, so die perfide Logik, kennten ja kaum Juden, sie wüchsen ahnunglos ob der vermeintlichen »Gefahren« auf, die ihnen »durch Juden drohten«. Wenn Kinder also von sich aus keine Angst vor Juden hätten, so befand er, dann müsste ihnen diese Angst anerzogen werden. Wenn dafür Juden nicht zur Verfügung stünden, ja, wenn Juden möglicherweise gar nicht angsteinflößend waren, dann musste man eben »den Juden geben« und diese Angst erzeugen.

Das hieß: Wenn das Objekt des Hasses nicht selbst Anlass gibt, es zu hassen oder zu fürchten, dann musste es eben hassenswert und fürchtenswert gemacht werden, wenn das Objekt nicht so war, wie die eigenen Projektionen es sich dachten, dann musste es konstruiert, ja sogar selbst dargestellt werden.

Diese schreckliche Geschichte illustriert, wie entkoppelt gruppenspezifischer Menschenhass und Rassismus von den Gruppen und Menschen funktionieren kann, gegen die er sich angeblich richtet. Diese Sorte Hass braucht keine präzise Vorlage, erwartet auch keine Bestätigung der eigenen Ablehnung mehr durch reale Personen oder Handlungen, sondern speist sich (und den anderen) nur noch aus sich selbst.

Es gibt bei der modernen Diskriminierung von Muslimen strukturell verwandte Züge. Die Frage nach der strukturellen Ähnlichkeit der Konstruktion des Feindbildes an dieser Stelle behauptet selbstverständlich keine Identität von Antisemitismus und Islamfeindlichkeit. Jede inhaltliche Gleichsetzung des Rassismus gegen Juden mit moderner Islamfeindschaft verbietet sich schon historisch durch die einzigartigen Verbrechen der Nationalsozialisten: die Shoah. Es geht an dieser Stelle nicht um eine Relativierung oder Vereinheitlichung, aber um eine Analyse der strukturellen Parallelen in den Mustern der Exklusion und der Projektion bei gruppenbezogener Menschenfeindlichkeit.

Auch bei der modernen Islamfeindlichkeit fällt auf, dass Ablehnung und Diskriminierung sich von ihrem Objekt entkoppeln lassen. Auch hier arbeiten die islamfeindlichen Diskurse mit projektiven Muslimen, denen Eigenschaften und Überzeugungen zugeschrieben werden, die sich durch reale empirische Studien über muslimische Lebensweisen[1] und Überzeugungen nicht beirren lassen. Es ist ein diffuses Feindbild, das Muslime variabel, nach unterschiedlichen analytischen Kategorien definiert und erfindet. Ob es religiöse oder kulturelle oder ethnische Marker sind, die das Kollektiv in den Augen seiner Verächter kennzeichnen, schwankt. Mal richtet sich die Verachtung gegen den Islam als Religion und ihre theologische Differenz, mal richtet sie sich gegen die Gläubigen als Gläubige einer als moralisch minderwertig begriffenen Religion, mal richtet sie sich gegen Muslime als kulturelles Milieu mit einer als kulturell fremdartig wahrgenommenen Le-

bensform, mal richtet sie sich gegen Muslime als vermeintlich ethnisch abgrenzbare Gruppierung, mal richtet
sie sich gegen Muslime als soziale Klasse, als sozial Schwa-
che, mal gegen Terroristen mit muslimischem Hinter-
grund, als sei der eine notwendige und hinreichende Bedingung für Gewalt. Worin diese verschiedenen Formen
der Diskriminierung übereinstimmen, ist, dem Islam oder
Muslimen vermeintlich intrinsisch innewohnende Eigenschaften zuzuweisen, die sie transhistorisch unwandelbar
als monolithisches Subjekt konstituieren.

So wie religiöse oder ethnische Motive für die Islamfeindlichkeit sich abwechseln und in der analytischen Unschärfe
vermengen, so wie sich der Adressat der Verachtung je
nach externer Zuschreibung wandelt, ob Islam oder Muslim,[2] so erklären sich auch die terminologischen Kontroversen über die Frage, was eigentlich der zutreffende Begriff für diese Form der Verachtung und Diskriminierung
von Muslimen sei: »Islamfeindlichkeit«, »Islamophobie«,
»Anti-Islamismus«, »Moslemfeindlichkeit«.

Bis auf den Begriff des »Anti-Islamismus«, der sich gegen
einen radikalisierten Islam als politisch extremistische
Ideologie richtet, können, meiner Ansicht nach, alle anderen Begriffe mit jeweils guten Gründen verwandt werden,
weil sich in dem einschlägigen Diskurs alle diese Formen
von gruppenspezifischer Menschenfeindlichkeit ausmachen lassen, ja, weil sie mitunter einander bedingen.
    Gelegentlich scheint es sich lediglich um unterschied-
liche rhetorische Strategien der Abwertung zu handeln,

ob Muslime aufgrund ihrer religiösen Zugehörigkeit zum Islam oder aufgrund ethnischer Zuschreibungen herabgewürdigt werden. Die Kategorien der Diskriminierung funktionieren gleichsam nur instrumentell als Vektor des Hasses.[3]

Für die Opfer dieser Zuschreibungen ist es irrelevant, ob das, was sie als Ablehnung, Diskriminierung und Diffamierung erleben, das konstruierte Bild, das ihre alltägliche soziale und rechtliche Situation bestimmt, sich gegen den »Islam« als Religion oder gegen Muslime als ethnische Gemeinschaft oder gegen islamistischen Terror, mit dem sie identifiziert werden, richtet. In Abwandlung von Jean-Paul Sartres berühmtem Diktum »Der Jude ist der Mensch, den die anderen als solchen betrachten«[4] ließe sich sagen: Der Muslim ist der Mensch, den die anderen als solchen betrachten – weil es auch im Zuge der Islamfeindlichkeit gar nicht um das Selbstbild von Muslimen geht, um die Frage, warum und inwiefern sie sich selbst als Muslime identifizieren, wie sie sich selbst kritisch mit eigener historischer Tradition oder gegenwärtiger Praxis auseinandersetzen. Sartre verweist auf die Genese kollektiver Identität, nicht auf ihre inhaltlichen Marker.[5] Für Muslime heute ist die Wahrnehmung anderer, das verzerrte, negativ selektive Fremdbild von Muslimen und dem Islam, das medial verbreitet wird, so sehr zur alltäglichen Erfahrung geworden, dass es Teil ihrer Identität geworden ist. Nicht, weil sie sich selbst plötzlich für intolerant, kriminell oder rückständig hielten, nicht, weil diese Zuschreibungen auf einmal »wahr« wären, sondern weil sie sich dauernd dazu verhalten müssen, dass sie so betrachtet werden, und weil dieses Fremdbild dazu führt, dass sie vielleicht keine Praktika bekommen, keine Jobs, dass sie nicht ins Schwimmbad dürfen, wenn sie ein Kopftuch tragen etc.[6]

Während sich bestimmte Motive und Topoi der historischen Islamfeindlichkeit in der abendländischen Literatur seit Jahrhunderten wiederholen und heutige Diskurse diese wissentlich oder unwissentlich zitieren und reproduzieren, so scheint es doch einige Momente der modernen Islamfeindlichkeit zu geben, die sich von früheren Varianten unterscheiden.[7] Während frühere Islamfeindlichkeit zumeist die religiöse Differenz betonte und den Islam als »das Andere« eines christlich sich konstituierenden Europas, kommt die moderne Form der Islamfeindlichkeit als Verteidiger der Aufklärung daher, als Schützer und Wahrer liberaler Rechte und Werte, und verurteilt den Islam als prinzipiell frauenverachtend, rückständig und antimodernistisch. Den Muslimen werden Eigenschaften zugewiesen, die eine freie und heterogene Gesellschaft als intolerant ablehnen muss. Das Paradoxon dieser Form moderner Islamfeindlichkeit besteht darin, dass sie ihre Intoleranz immer mit ihrer Toleranz begründet, dass die eigene Ablehnung der kulturellen oder religiösen Vielfalt immer damit begründet wird, dass angeblich Muslime qua Zugehörigkeit zum Islam kulturelle oder religiöse Vielfalt ablehnten. Während die eigene Religion die Toleranz per se in sich zu führen behauptet, wird dem Islam die Intoleranz zugeschrieben, die es im Namen der aufgeklärten Moderne abzulehnen gelte.

148

Weil diese Islamfeindlichkeit »den« Islam als Religion des Zwangs definiert, weil sie die Einheit von Religion und politischer Ideologie als »dem Islam« immanent und unreformierbar definiert, weil sie »den Islam« als sexuell repressive Kultur ausmacht, kann diese Form der Islamfeindlichkeit bestimmte Muslime nicht denken. So erklärt sich, dass homosexuelle Muslime im blinden Fleck der gegenwärtigen Islamdebatte gelandet sind, weil sie einfach nicht in dieses Konstrukt des Islam passen. Sie tauchen ebenso selten auf wie gläubige, muslimische Feministinnen oder gläubige Muslime, die sich die eigene Religion und Tradition kritisch aneignen.

Vielleicht erklärt das auch, warum ausgerechnet der Publizist Navid Kermani im Rahmen des Streits um den hessischen Kulturpreis zum Objekt der Ablehnung wurde, vielleicht musste es ein gläubiger Muslim sein, der dem gläubigen Katholiken Kardinal Lehmann unerträglich war. So war es ebenso trostlos wie symptomatisch, dass Kardinal Lehmann sich echauffierte, Kermani habe geäußert, dass er Kreuzen prinzipiell negativ gegenüberstehe. Da hätte Lehmann auch gleich sagen können: »Ich bin dafür, dass ein Muslim den Preis bekommt, aber nur wenn er Christ ist.«

Was hatte Lehmann denn erwartet? Dass der Muslim Kermani das Kreuz genauso verehrt wie der Katholik Lehmann? Was sollte intolerant sein daran, dass Kermani schrieb, ihn verstörten Kreuze – nur um anschließend eine der einfühlsamsten Annäherungen an das Kreuz zu schreiben, die je zu lesen waren? Die Auseinandersetzung ist typisch für die gegenwärtige Verzerrung des Muslim-Bildes in der Öffentlichkeit, in der vornehmlich Muslime wahrgenommen und eingeladen werden, die als nicht besonders gläubig, also als nicht besonders muslimisch daherkommen und deren eigener Glaube prinzipiell als Angriff auf den eigenen Glauben gedeutet wird.

Das Spektrum der modernern Islamfeindlichkeit und seiner diskursiven Techniken ist breit. Wer in Weblogs wie »*Politically Incorrect*« oder »*Akte Islam*« und bei deren angemeldeten, kommentierenden Gästen sucht, wird Muslime recht unsubtil als »Drecksmoslems« oder »Ziegenficker«, aber auch ironisierend den Islam »als Religion des Friedens« finden. Längst ist die Islamfeindlichkeit jedoch nicht mehr nur am rechten Rand, bei rechtspopulistischen Parteien und anonymen Foren, sondern auch in der bürgerlichen Mitte der Gesellschaft zu finden. Während antisemitische Diskurse sich dort gelegentlich hinter antizionistischen Positionen verstecken, so braucht der islamfeindliche Diskurs kein solches rhetorisches Schutzschild mehr und ist zunehmend ungehemmt ins Zentrum des medialen *mainstream* gerückt.

Sprachlich vorsichtiger, aber gleichwohl mit einem negativ-pauschalisierenden Islam-Bild erweist sich der Islam-Diskurs in den klassischen Medien. *Der Spiegel* beispielsweise warnte nicht nur in seiner mittlerweile berühmt-berüchtigten Titelgeschichte »Mekka Deutschland – Die stille Islamisierung« vor einer angeblich islamischen Unterwanderung der Bundesrepublik.[8] »Bei der Beobachtung der öffentlichen Islamdebatte gewinnt man in der Tat den Eindruck, dass begriffliche Differenzierungen wie die zwischen Islam, Islamismus und Terrorismus zwar vielfach vorgenommen werden – oft aber eigentümlich folgenlos bleiben.«[9]

Muslime im Singular scheint es nicht mehr zu geben. Sie sind als Individuen im Medienbild zunehmend unsichtbar, als Personen, die auch über ihre Funktionen, ihre Berufe oder ihre Aktivitäten wahrgenommen werden könnten, als Ärzte, Theaterregisseure oder Arbeiter. Außer muslimischen Komikern und Karikaturisten, die sich über Muslime lustig machen dürfen, oder muslimischen Islamkritikern, die den Islam problematisieren dürfen, werden individuelle Muslime im Fernsehen beispielsweise selten repräsentiert. Der mediale Diskurs fasst Muslime stets im Kollektiv und ergänzt dieses Kollektiv meist um pejorativ konnotierte Eigenschaften. »Radikale« Muslime, »kriminelle« Muslime et al.

Individuelle Unterschiede innerhalb des Kollektivs werden dabei ebenso häufig vernachlässigt wie unterschiedliche Identifikationen und Zugehörigkeiten innerhalb ein und derselben Biographie oder Person. »Ich bin Muslim«, schreibt der Schriftsteller Navid Kermani, »dieser Satz ist wahr, und zugleich blende ich damit tausend Dinge aus, die ich auch bin (…) Nicht alles, was ich tue, steht in Bezug zu meiner Religion.«[10]

Weil aber in zahlreichen öffentlichen Diskursen keine Unterschiede gemacht werden zwischen Islam und Islamismus, Glaube und Wahn, Religiosität und Intoleranz, Individuum und Kollektiv, wird nun gern jeder einzelne Muslim verantwortlich gemacht für Suren, an die er nicht glaubt, für orthodoxe Dogmatiker, die er nicht kennt, für gewalttätige Terroristen, die er ablehnt, oder für brutale Regime in Ländern, aus denen er selbst geflohen ist.[11] Muslime werden kollektiv haftbar, sie werden *in toto* verantwortlich gemacht, ihnen oder ihrer Religion werden historisch invariable Eigenschaften zugeschrieben.

Es gibt aber noch eine andere Hinsicht, in der die anfangs erwähnte Geschichte des Aussteigers aufschlussreich ist für eine Betrachtung der modernen Islamfeindlichkeit. Die Geschichte von dem Antisemiten, der glaubt, Kindern erst wieder »beibringen« zu müssen, wie unheimlich und bedrohlich Juden seien, weil sie es nicht mehr lernten, weil ihnen diese Angst niemand mehr vermittelte, weil die nicht-jüdische Mehrheit es mittlerweile versäumte, auf die vermeintliche Bedrohung durch Juden hinzuweisen, zeigt noch etwas anderes: nämlich wie sich der gruppenspezifische Hass gleichsam verdoppelt, wie er sich in zwei Richtungen aufspaltet, in dem sich zu dem Hass auf eine Minderheit die Ablehnung der Mehrheit gesellt, die diese Minderheit toleriert.

So wird nicht nur vor bestimmten Gruppen oder Minderheiten gewarnt, sondern auch vor der vermeintlichen

Naivität der Mehrheitsgesellschaft, die Bedrohlichkeit dieser Gruppen zu unterschätzen.

Auch hier gibt es Parallelen zur modernen Islamfeindlichkeit, auch hier sind die Angriffe stets gepaart mit Vorwürfen gegen die Mehrheitsgesellschaft, die die Gefahr, die angeblich von den Muslimen ausgehe, nicht wahrhaben wollte. Die Islamfeindlichkeit richtet sich insofern keineswegs nur gegen den ausgemachten Feind: den Islam, sondern auch gegen diejenigen, die ihn nicht als Feind betrachten.

Dieser Aspekt der modernen Islamfeindlichkeit wird gelegentlich übersehen, bildet aber einen wachsenden Teil der Strategien und Argumentationen islamfeindlicher Diskurse. Kaum ein Angriff gegen Muslime, der nicht gekoppelt ist mit Angriffen gegen die nicht-muslimische Gesellschaft, die sich angeblich als zu tolerant, fälschlich liberal und naiv erweise. Die Verachtung für Muslime verbündet sich mit der Verachtung für Nicht-Muslime, die es wagen, diese gegen Diskriminierung zu verteidigen. Da wird von »gehirngewaschenen Gutmenschen« oder »Terror-Freunden« gesprochen, da wird pauschalisiert und diffamiert, als ob es um besonders sträfliche Formen des »Verrats der eigenen Rasse oder Klasse« ginge.

Diese Doppelstrategie der modernen Islamfeindlichkeit gegen die muslimische Minderheit selbst und die nicht-muslimische Mehrheit, die sie verharmlose, ist besonders geschickt: einerseits, weil die islamfeindliche Argumentation, die sich als liberal, tolerant, aufklärerisch geriert, es besonders schwer macht, nicht von ihr vereinnahmt zu werden. Wer möchte nicht als liberaler Vertreter der Moderne und der Aufklärung dastehen? Wer möchte sich schon als naiv, als kultur-relativistisch und anti-universalistisch bezichtigen lassen? Wer möchte schon Komplize repressiver, gewalttätiger Strukturen oder Ideologien sein? Wer möchte sich solidarisch erklären mit einer Frömmigkeit, die man selbst nicht (mehr) teilt?

Dieser Aspekt moderner Islamfeindlichkeit ist zudem bemerkenswert, weil sich dieser Diskurs gern als berechtigte »Islam-Kritik« erklärt und somit immer den Tabubruch mit im Wort führen kann: Jede Kritik an dieser Form der Islamfeindlichkeit wird umgehend als Zensur von vernünftiger und notwendiger Islam-Kritik diffamiert. So erklären sich islamfeindliche Diskurse auch stets als bloß besorgte, die die freiheitliche Rechtsordnung verteidigten, und jede Kritik an ihren diskriminierenden und diffamierenden Pauschalisierungen und Vorurteilen weisen sie als umkehrt positive Pauschalisierung, als Islamophilie, als Gutmenschentum, als Multi-Kulti-Phantasien zurück.

Zu diesem Gestus der »Islam-Kritiker« gehört die Selbst-Inszenierung als politisch aufrechte, einsame Streiter, als liberaler Widerstand gegen eine angeblich mehrheitlich verblendete islamophile Gesellschaft. Das ist eine kuriose Verdrehung der Wirklichkeit: Alle empirischen Daten und Fakten, wie beispielsweise die Berichte des *European Monitoring Centre on Racism* (von 2002 und 2006)[12], denen zufolge islamfeindliche Tendenzen in allen europäischen Ländern nachzuweisen sind, werden ignoriert. Auch Studien zu der Benachteiligung von muslimischen Migranten am Arbeitsmarkt und in Bildungsinstitutionen[13] werden ausgeblendet. Wo nachzuweisen ist, wie europäische Gesellschaften zunehmend islamfeindliche Stimmungen produzieren, werfen die »Islamkritiker« diesen Gesellschaften Islamophilie vor. In den islamfeindlichen Publikationen werden alle Hinweise auf muslimische Gewalt gesammelt und publiziert, aber niemals ins statistische Verhältnis gesetzt zu Gewalt anderer Gruppen oder Personen, um so die eigenen Ressentiments als rationale Sorge vor Kriminalität zu behaupten. In einem zweiten Schritt wird sodann die nicht-muslimische Mehrheitsgesellschaft kritisiert, die gewalttätigen, anti-modernistischen Muslimen gegenüber die eigenen Werte und Gesetze vernachlässigte.

Es ist wichtig, diese Doppelstrategie moderner Islamfeindlichkeit zu betrachten, weil sie nicht nur Muslime beschädigt, sondern auch Nicht-Muslime, die im Namen liberaler Werte der Selbstbestimmung, der Religionsfreiheit und der Aufklärung Muslime[14] vor ethnischer oder religiöser Diskriminierung schützen möchten. Das gelingt aber nur, wenn diese taktische Falle, durch die illiberale Islamfeinde ihre Gegner der Illiberalität bezichtigen können, vermieden wird.

Um es deutlich zu machen: Der Unterschied zwischen berechtigter und unberechtigter Kritik, zwischen Aufklärung und Islamfeindlichkeit macht sich daran fest, ob diskriminierende Praktiken und kriminelle Handlungen kritisiert und angeklagt werden – oder ganze Bevölkerungsgruppen. Insofern kann der Islamfeindlichkeit nur entgegengetreten werden, wenn Kritik an illiberalen Praktiken und Überzeugungen, an verfassungsfeindlichen Ideologien geäußert wird, unabhängig davon, ob damit Muslime, Atheisten oder Christen kritisiert werden. Der Islamfeindlichkeit kann nur entgegengetreten werden, wenn Frauenfeindlichkeit, Rassismus und Homophobie angeklagt werden, wo immer sie auftauchen, ohne Einschränkung.

Das ist die eine Seite.

Die andere ist: Der Islamfeindlichkeit kann nur entgegengetreten werden, wenn Religionsfreiheit nicht nur gilt, wenn die eigene Religion gemeint ist, Toleranz nicht nur praktiziert wird, wenn es um das Tolerieren sympathischer Lebensformen und Überzeugungen geht, wenn Selbstbestimmung wirklich für alle gilt: Mädchen aus muslimischen Familien, die sich gegen den Glauben oder die Tradition ihrer Eltern stellen wollen, wie für Mädchen, die diesen Glauben für sich leben und praktizieren wollen, und wenn die lebendige, gebrochene, hybride Vielfalt muslimischer Lebensweisen und individueller Biographien genauso selbstverständlich wahrgenommen und dargestellt wird wie die anderer Deutscher.

Heimat – Das Heimatland der Phantasie

Nie hätte ich gedacht, dass ich einmal zum Thema »Heimat« schreiben würde.

Seit meiner Kindheit schaudert mir vor dem Begriff – nicht nur vor dem Wort, sondern auch vor den Leuten, die es verwandten, und ebenso deren Vorstellung, ich sollte das empfinden: ein Gefühl für »Heimat«.

Ich habe nie die deutsche Nationalhymne gesungen, und ich werde das auch nie tun, habe nie die deutsche Fahne geschwenkt und werde das auch nie tun. Ich weiß um die Unbelastetheit der Strophe und ihrer Aussage ebenso wie um die der Fahne und ihrer Farbe – und dennoch bereitet es mir Unwohlsein. Ebenso wie all die Begriffe wie »Heimat«, »Vaterland«, »Patriotismus«, »Stolz auf Deutschland«, all das, woran ich in den letzten Jahren immer stärker gemahnt werde, dass ich es empfinden sollte, dass es krank wäre, es nicht zu empfinden, dass es nur mehr normal sei, es zu empfinden.

Lassen Sie mich ein paar Worte zu diesem gebrochenen Verhältnis zur »Heimat« vorwegschicken, und Sie mögen mir verzeihen, wenn dies sehr persönliche Erklärungen sind.

Vielleicht geht es dabei nicht nur um mein idiosynchra-
tisches Unbehagen, sondern auch schon um eine These,
wie über »Heimat« zu reden wäre: nämlich individuell
und niemals kollektiv, persönlich und niemals ideolo-
gisch, zögernd und niemals ungebrochen.

Ich bin Kind von Eltern, die in zwei verschiedenen Ländern aufgewachsen sind, in zwei verschiedenen Konti-
nenten; mein Vater in Deutschland, meine Mutter in
Argentinien, die eine gemeinsame Sprache beherrschten,
Deutsch – und doch niemals dieselbe Sprache sprachen:
Sie waren mit anderen Gerüchen aufgewachsen, anderen
Geräuschen, anderen Gewürzen, und vor allem trennte
sie der Krieg, den meine Mutter in Argentinien nicht erlebt hatte.

Für meine Mutter war das Radio ein Gerät, das Freude
bereitete, weil sie so Bach und Mahler hören konnte, für
meinen Vater war das Radio ein Gerät, das Angst bereitete, weil mein Großvater darauf die sogenannten »Feind-
sender« hörte und es darauf zu achten galt, die Zeiger des
Radios vorm Ausschalten zu verstellen, damit womöglich
nationalsozialistisch gesinnte Nachbarn beim späteren
Besuch nicht entdecken konnten, was gehört wurde.

Die Muttersprache meiner Mutter war Deutsch, es waren
deutsche Emigranten, die in Argentinien in den 30er Jahren ein Zuhause fanden und die erst lange nach dem
Zweiten Weltkrieg nach Deutschland zurückkehrten. In
ihrem Elternhaus wurde Hausmusik gespielt, es gab Blei-

gießen zu Silvester und, ich glaube, Sandkuchen zu Geburtstagen.

In den letzten Wochen vor ihrem Tod, als das Gedächtnis schon durcheinandergeriet, als sie erst Uhrzeiten verwechselte, dann Namen, dann Personen, in diesen letzten Wochen plagten meine Mutter manchmal Wortfindungsstörungen, es blieben Begriffe einfach weg, Verben, Adjektive – doch wenn sie wechselte ins Spanische, die Sprache aus Argentinien, dem Land, in dem sie aufgewachsen war, aus dem sie aber nicht stammte – dann war dieses Spanisch fehlerfrei. Es war nicht die erste Sprache, die sie gelernt hatte, nicht die Sprache ihrer Familie und ihrer Eltern – und doch war Spanisch die Sprache, in der sie sich in ihren letzten Momenten leicht verständigen und ausdrücken konnte.

Also sprachen wir viel Spanisch, nur wenn ich vorlas: Geschichten aus dem Alten Testament, die Gedichte von Rilke oder die Fußballberichterstattung aus der Zeitung, dann las ich Deutsch.

Was die »Heimat« meiner Mutter war?

Sagen Sie es mir.

»Heimat«, so möchte ich beginnen, kann unsicherer und fragwürdiger sein, als wir annehmen.

Was meine »Heimat« ist?

Sie sehen, ich bin aus dem rein persönlichen Moment meiner Antwort noch nicht heraus.

Seit meiner Kindheit – bis heute – liebe ich klassische Musik. Und schon als Kind hatte ich einen musikalischen Helden, einen Musiker, den ich verehrte, den Geiger Isaac Stern. Viele Musiker konnte ich hören, wenn sie in die Stadt meiner Kindheit kamen, und ich habe immer gehofft, eines Tages könnte ich Isaac Stern auch einmal in einem Konzertsaal hören.

Meine Eltern mussten mir erklären, dass das nie geschehen würde, dass Isaac Stern beschlossen hatte, aufgrund der Erfahrung der Shoah niemals mehr für deutsche Hörer, niemals mehr in einem deutschen Konzertsaal zu musizieren.

Meine Eltern haben mir beigebracht, dass er recht hatte, nicht zu spielen, dass es in Ordnung sei. Für mich wurde das zum entscheidenden Merkmal meiner deutschen Identität, Issac Stern zu lieben und zu akzeptieren, wirklich zu akzeptieren, dass er für mich niemals spielen würde.

Wann immer ich im Ausland war, in jeder Großstadt der Welt, in die ich kam, habe ich gleich am ersten Tag noch das Konzertprogramm studiert und gehofft, eines Tages würde ich ihn hören können. Es ist nicht gelungen. Er ist vor kurzem gestorben. Noch einmal ist er tatsächlich nach Deutschland gekommen, nach Köln, wenn mich nicht alles täuscht, und hat dort Studenten unterrichtet und zugehört – aber er selbst hat kein Konzert gegeben.

Es ist gut so.

Es ist wirklich gut so. Ich erzähle diese Geschichte nicht anklagend, nicht demütig, nicht verzagt. Ich fand dies auch nie besonders dramatisch. Aber als ich gefragt wurde, ob ich zum Thema »Heimat« sprechen wollte, fiel mir diese Geschichte ein als tiefste Metapher für mein Verhältnis zu dem Land, in dem ich aufgewachsen bin.

»Heimat«, und damit komme ich zum weniger persönlichen Teil meiner Anmerkungen, ist nicht das, was wir im öffentlichen Raum antworten, wenn wir gefragt werden, was unsere »Heimat« sei.

Wenn wir im politischen Rahmen von »Heimat« sprechen oder wenn wir gedankenlos antworten, dann nennen wir einen Ort: Wir sagen: unsere »Heimat« sei Deutschland oder Berlin, und wir nennen vielleicht noch Merkmale, an denen wir diese »Heimat« oder dieses Heimatgefühl meinen festmachen zu können. Das sind dann stets dieselben Kandidaten. Wir nennen dann: die deutsche Sprache, Bach und Beethoven, Goethe und Schiller, den Rhein oder die Elbe, Schwarzbrot, die Fußball-Nationalmannschaft, das Brandenburger Tor …

Aber stimmt das?

Ist das wirklich unsere »Heimat«? Warum fühlen wir uns da zu Hause?

Was darin vermittelt uns das Gefühl der Vertrautheit? Des Eigenen?

Ist es wirklich das Brandenburger Tor? Oder ist es der langanhaltende Kuss eines Nachts vor vielen Jahren, am Fuß der rechten Säule vom Brandenburger Tor? Oder ist es dieses immer noch anhaltende Glücksgefühl, jedes Mal, jedes einzelne Mal, wenn man hindurchgeht oder mit dem Fahrrad fährt und sich freut, dass das geht?

Ist es wirklich das Schwarzbrot? Oder ist es das Schwarzbrot, das meine Großmutter morgens in dicke Scheiben schnitt mit dem (übrigens fürs ganze Leben tauglichen) wunderbaren Satz: »Sägen, nicht drücken!«? Und ist es nicht dieser Satz und all die Erinnerungen an meine geliebte Großmutter, die mir einfallen, wenn ich Schwarzbrot kaufe, bei dem deutsch-jüdischen Bäcker an der Lower East Side in New York?

Und ist es wirklich der Rhein? Oder ist es das Wissen um die nächste Biegung, um das Tempo, mit dem das Wasser entlangrauscht, und die Zeilen von Heine, die mir einfallen, noch bevor ich merke, dass sie mir einfallen?

»Heimat«, hat der amerikanische Soziologe Russel Hardin einmal gesagt, ist der »epistemologische Trost des Zuhauses«.

Das heißt: Heimat ist kein Ort, keine Sprache, kein Objekt und Ritual.

»Heimat«, das sind die Geschichten, die wir kennen, die Assoziationen, die Objekte oder Orte in uns auslösen, die Erinnerungen, die wir mit etwas verbinden, es ist dieses Wissen und Kennen, das in uns Vertrauen und Trost auslöst, und dazu kann das vertraute Gefühl der Scham ebenso gehören wie das vertraute Gefühl des Glücks.

Für Palästinenser oder Serben gehört zum Heimatgefühl sicherlich das Gefühl der Niederlage, der Einsamkeit, der Trauer, so wie für mich – neben vielem anderen – zum Heimatgefühl das der Scham und der Schuld gehört.

Wenn es aber bei der Heimat um Geschichten geht, um die Phantasien, die wir erinnern oder erfinden, dann ist Heimat auch luftiger, dynamischer, lebendiger, als uns das vielfach erzählt wird, sie ist weniger verwurzelt in einer Gemeinschaft oder einem Land, sondern eher erweiterbar.

Zu den Geschichten meiner Kindheit gehören die des Alten Testaments, ich bin damit aufgewachsen so wie ich mit Lion Feuchtwanger aufwuchs, Hermann Hesse und, in meinem Fall, vor allem Musik. Die Figuren und ihre Erfahrungen, ihre Schicksale und auch der Rhythmus ihrer Sprache waren mir lebendige Zeitgenossen, sie waren weder religiöse Idole noch literarische Charaktere, sondern Familienmitglieder wie die anderen verstorbenen Urgroßtanten oder Freunde, von denen sonst erzählt wurde.

Als ich das erste Mal in den Irak reiste, stand ich irgendwann an einem fremden grün-schlammigen Fluss, an dem ich noch nie in meinem Leben gestanden hatte, und fühlte mich doch, als wäre ich endlich zu Hause angekommen: Es war der Euphrat. Mitten im Krieg wollte ich unbedingt nach Mossul, ganz gleich wie gefährlich das war: weil ich das alte Tor zur Stadt Ninive sehen wollte. Abraham war in Ur auf seine Reise aufgebrochen, im heutigen Irak.

War mir der Irak, das Land, das ich nie zuvor gesehen hatte, fremd?

Nein.

Letzte Woche war ich in Albanien. An der Grenze zum Kosovo habe ich einige Minensucher begleitet, die noch heute zehn Jahre nach dem Krieg mit dem Zentimetermaß Grasfläche um Grasfläche abmessen und nach dem versteckten Tod suchen. Es war im Gebirge, überall Nebel um uns herum, ein Zedernwäldchen bedeckte die Hügel einer Gegend, in der ich noch nie zuvor gewesen war, alles war mucksmäuschenstill, alle hielten den Atem an bei dieser vorsichtigen Suche nach Sprengsätzen und Minen … als plötzlich ein Kuckuck in die Stille hineinrief. Ich zuckte zusammen und schaute erschrocken die Männer an und sie mich.

Ein Kuckuck kündigt in unserer Mythen- und Sagenwelt vom Tod – ich wusste nicht, wie ich mein Zucken erklären sollte –, doch zu meiner Überraschung erzählten die Männer dann, wie sie diesen Vogel fürchteten, weil er vom Tod künde. Sie hatten dieselben Assoziationen, sie kannten dieselben Geschichten, hegten denselben Aberglauben wie ich – und es entstand eine Nähe, die es vorher nicht gab.

Was »Heimat« also ist?

Es sind diese Geschichten, die wir erinnern und erfinden, in denen wir uns behaglich fühlen oder unwohl, über die wir uns freuen und fürchten, die wir weitererzählen und neu erzählen, die ergänzt werden durch Einwanderer und Reisende, die dazugehören, weil ihre Geschichten an unsere anschließen und ihre zu unseren werden. Es sind Phantasien und Assoziationen, Verse und Lieder, die mehr sind als ein Ort. Sie bilden Schnittmengen mit den Geschichten anderer, sie wandeln sich zwischen den Generationen und Gemeinschaften wie bei dem Kinderspiel »Stille Post«, bei dem von der ursprünglichen Geschichte immer etwas verschluckt wird, so verschlucken auch wir und ergänzen etwas neu, und ernähren uns davon.

Dieser Heimatbegriff klingt fragiler und unsicherer, als wir es uns vielleicht erhoffen. Aber er ist auch offener und zugänglicher für andere Orte und andere Menschen, die ihn sich ebenfalls aneignen können oder die uns auch vertrauter und zugänglicher werden können.

Wie stelle ich mir also in diesem Sinne meine eigene Gesellschaft vor, wie wird aus diesem Land, in dem ich aufgewachsen bin und das ich doch dauernd reisend wieder verlasse, um andere und neue Geschichten mitzubringen, wie wird aus diesem Land so etwas wie »Heimat«, wie müsste das aussehen?

Wenn ich mit einem Bild aus der Musik schließen darf:

Ich stelle mir Deutschland vor wie die »Kunst der Fuge« von Johann Sebastian Bach.

Es gibt eine Komposition, eine Partitur, aber sie ist unvollendet geblieben, sie wurde nie zu Ende geschrieben. Es gibt nur einen offenen musikalischen Text.

Nicht nur das, es gibt zudem keinerlei Hinweise von Bach auf das Arrangement, keine Angaben darüber, wer mit welchen Instrumenten diese Komposition spielen sollte.

Es gibt also in dem Sinne keinen richtigen Klang, keine perfekte Interpretation, es gibt »Die Kunst der Fuge« von einem Streichquartett und die von einem kleinen Kammerensemble gespielte, es klingt ganz anders und ist doch der Klang der »Kunst der Fuge«.

So wünsche ich mir Deutschland, wie diese »Kunst der Fuge«, es gibt eine Vorlage, eine Partitur, die besteht aus Bildern und Geschichten, aus Phantasien und Büchern, aus Musik und einer Verfassung.

Aber sie ist nicht zu Ende geschrieben. Wir können sie aufführen und weiterschreiben, aber es gibt keine Vorgaben, wer mitspielt und wie es klingen wird, dieses musikalisch offene Werk.

Das wäre sie, meine Heimat.

Und da hab ich es ausgesprochen, das Wort: »Heimat«.

Herausforderung Demokratie

»Sofern wir im Plural existieren«, schreibt Hannah Arendt, »und das heißt, sofern wir in dieser Welt leben, uns bewegen und handeln, hat nur das Sinn, worüber wir miteinander oder wohl auch mit uns selbst sprechen können, was im Sprechen einen Sinn ergibt.«

Wenn wir also in dieser Welt leben, uns bewegen und handeln wollen, wenn wir wollen, dass die Demokratie einen Sinn ergibt, müssen wir miteinander sprechen über das, was Demokratie bedeutet, was sie ausmachen kann und muss, damit sie, nicht zuletzt, den Plural, in dem wir existieren, nicht nur bestätigen, sondern auch immer wieder erneuern kann.

In der europäischen Tradition bedeutet Demokratie im republikanischen Kern »Volkssouveränität« oder »Selbst-Gesetzgebung«, also die Vorstellung, dass die Autoren und Adressaten des Rechts dieselben Bürger, dieselbe Gemeinschaft sein sollten.

Selbst-Gesetzgebung, anders formuliert, heißt, dass alle, die von einer politischen, ökologischen, ökonomischen, sozialen Entscheidung betroffen sind, auch an ihrer Ent-

stehung – direkt oder durch Repräsentanten – beteiligt
werden.

Es ist offensichtlich, dass davon zurzeit keine Rede sein
kann. Nicht nur in Europa zu Zeiten der Krise, sondern
weltweit sind im Zeitalter der Globalisierung sehr viel
mehr Menschen von politischen, fiskalischen und ökologischen Entscheidungen oder Ereignissen betroffen, als
an ihrer Entstehung beteiligt sind. Während sich der Kreis
derer, die politische oder ökonomische oder ökologische
Gesetze oder Ereignisse bestimmen können, verkleinert
hat, hat sich der Kreis derer, die von solchen Entscheidungen betroffen sind, gleichzeitig vergrößert. (Das ist übrigens etwas anderes, als nur zu behaupten, dass die Zeiten
des Nationalstaats vorbei sind.)

Ja, wenn irgendetwas die *condition humaine* im Zeitalter
der Globalisierung auszeichnet, dann doch das: wechsel-
seitige Verwundbarkeit ohne symmetrische Beteiligung
an ebenden Prozessen und Gesetzen, die die eigene Existenz bedingen und verwunden können.

Ob es sich auf die surrealen Finanztransaktionen bezieht,
die die Welt als Wille und Vorstellung verspekulieren und
Generationen in die schuldnerische Abhängigkeit stürzen,
oder das Wetten auf Agrarprodukte, das ganze Landstri-
che und Regionen verarmen lässt, ob es sich auf militä-
rische Einsätze bezieht, die neuerdings als ebenso alter-
nativlos wie humanitär behauptet werden, solange sie
nur weit weg stattfinden, angeblich der Demokratisierung

oder dem »nation-building« dienen und das Töten und Foltern oder Foltern-Lassen geräuschlos vonstatten geht – die Kreise derer, die entscheiden, und derer, die betroffen sind, sind nicht deckungsgleich und nicht repräsentativ.

Was wir erleben, ist nicht einfach die Legitimitationskrise des Spätkapitalismus, sondern eine Legitimationskrise der Demokratie im Zeitalter des globalen Kapitalismus. Der demokratische Willensbildungsprozess, die Selbstverständigungsdiskurse, die es in einer deliberativen Demokratie braucht, um die Legitimität der Entscheidungen der Repräsentanten zu garantieren, scheinen aus den Fugen.

Diese normative Unwucht, dieses Ungleichgewicht zwischen Autoren und Adressaten, zwischen Entscheidern und Betroffenen, ist nicht einfach post-demokratisch. Sie ist un-demokratisch und ungerecht.

Wenn ich heute, über die »Herausforderungen an unsere Demokratie« sprechen soll, dann möchte ich über diese normative Unwucht sprechen und die Mechanismen der Exklusion, die diese bedingen. Und ich möchte, wenn möglich, mindestens eine Antwort entwickeln, wie diesen Mechanismen der Exklusion zu begegnen sein könnte.

Das wird, um es vorwegzunehmen, eine sehr bescheidene Antwort sein, eine, die vielleicht nichtig erscheinen mag, zu leise, zu literarisch auch angesichts der mächtigen Techniken der Exklusion, aber es ist die einzige, die mir gegeben ist.

Mir scheint es vier verschiedene Formen und Mechanismen der Exklusion zu geben:

1) *Politische, Juristische Formen der Exklusion*: Diese Mechanismen bestehen aus normativen Ausgrenzungen: Der Zugang zu machtvollen Positionen, Zugang zu Bildung, Zugang zu Territorien, Zugang zu überlebenswichtigen Gütern wird verweigert oder begrenzt. So können qua Gesetz oder qua Praxis Angehörige bestimmter Minderheiten ausgeschlossen werden – und eine soziale, ethnische, religiöse Mehrheit reproduziert sich und den eigenen Status.

2) *Ästhetische, visuelle Formen der Exklusion:* Diese Mechanismen können durch gegensätzliche ästhetische Techniken wirksam werden. Sie funktionieren einerseits über das *Unsichtbar-Machen* als Form der Exklusion. Bestimmte Personen oder Gruppen werden visuell nicht repräsentiert, sie tauchen optisch schlicht nicht auf. Sie werden medial, in journalistischen oder fiktionalen Formaten, in Serien, Spielfilmen, Videos aber auch in Spielzeug unterrepräsentiert. Sie werden visuell ausgelassen, verdrängt, vergessen. Wie oft sind Stotterer im deutschen Fernsehen zu sehen? Wie leicht ist es, eine dunkelhäutige Puppe in deutschen Spielwarengeschäften zu entdecken? Zugleich gibt es aber auch die gegenteilige Technik der Exklusion, das *Sichtbar-Machen als etwas Anderes*: Die visuelle Entstellung oder Reduktion auf etwas Differentes. Muslime, Frauen wie Männer, werden visuell gerne auf einen be-

stimmten Typus reduziert. Minderheiten generell werden oft nur in bestimmten Phänotypen mit bestimmten Assoziationsketten und Rollenmustern visuell verkoppelt. Am Beispiel von Angehörigen der Sinti und Roma lässt sich das traurige Phänomen der Sichtbar-Machung als etwas Differentes gut illustrieren: Roma werden visuell (und narrativ) als die Anderen Europas erfunden. Sie werden in sehr spezifischer Weise reduziert auf einerseits wurzellose, wandernde, nie sesshafte Figuren – die mit der Assoziation des Illoyalen, Gesetzlosen, Kriminellen verbunden werden. Und andererseits als die verführerischen, musikalischen, erotisch übercodierten (weiblichen) Figuren – die mindestens ebenso beunruhigende Assoziationen auslösen können.[1]

Diese beiden Varianten visueller, ästhetischer Exklusion werden oft vernachlässigt. Rassismus und Sexismus werden meist als Formen der Diskriminierung debattiert, also als Herabsetzung und Benachteilung. Nicht aber als Formen der Exklusion, als die sie auch operieren.

3) *Sprachliche Mechanismen der Exklusion*: So wie es ästhetische Mechanismen der Exklusion über Bilder gibt, so gibt es auch sprachliche Techniken, die einzelne Gruppen oder ganze Milieus ausschließen. Dazu gehört beispielsweise die Experten-Sprache, das Verwenden von technokratisch-wissenschaftlicher-juristischer-medizinischer-finanztechnischer Sprache, die nur von einem kleinen Kreis an »Insidern« verstanden

und verwandt werden kann und die alle anderen ausschließt; zu sprachlichen Mechanismen der Exklusion gehören auch narrative Konstruktionen: Geschichten, die Angehörige von Minderheiten entweder
ganz auslassen oder sie nur zu Kollektiven bündeln.
Individuen werden in solchen Erzählungen gern mit
bestimmten kollektiven Eigenschaften gekoppelt; zu
sprachlichen Mechanismen der Exklusion gehören
hegemoniale Diskurse, die Begriffe mit negativen Kon-
notationen versehen und eine Geschichte zitieren, die
mit Ausbeutung, Versklavung, Erniedrigung aufge-
laden ist und diese jeweils wieder evoziert. Solche
sprachlichen Formen der Exklusion arbeiten gern mit
Assoziationsketten durch sprachliche Verknüpfungen:
Kopftuch – unterdrückt, Muslim – Islamist – Gewalt;
Familie – Mann / Frau + Kind … So können hetero-
normative Erzählungen oder koloniale Asymmetrien
sprachlich fortgeschrieben werden.

4) *Praktiken und Gewohnheiten*: Es gibt scheinbar harm-
lose Gewohnheiten und Rituale, die *de facto* Mechanismen der Exklusion bedeuten: Vorstellungsgespräche,
bei denen zum Mittagessen mit Fisch eingeladen wird,
um jene Kandidaten aus weniger bürgerlichen Eltern-
häusern auszuschließen, die Fisch nicht elegant genug
zu filetieren wissen. Oder, um ein banales Beispiel aus
meinem eigenen professionellen Milieu anzuführen:
Alkoholismus, abendliche Trinkrunden, scheinbar
inklusive, soziale Begegnungen, die, besonders fatal,
integrativ wirken sollen – letztlich aber alle diejenigen

ausschließen (meist Frauen), die nicht trinkfest sind.
Es gibt eine ganz Reihe solcher Rituale, die die ideologischen Sedimente an ihrem Grund nicht einmal mehr
reflektieren: das Schwören auf die Bibel bei Gericht
oder im Parlament in einem angeblich säkularisierten
Staat, das Atheisten oder Muslime ausschließt; Uhrzeiten, zu denen berufliche Besprechungen angesetzt
werden, die so spät liegen, dass, gleichsam zufällig,
alle, die Kinder zu betreuen haben, nicht daran teil-
nehmen können. Auch internationale Konferenzen,
Klima-Gipfel oder auch G8-Gipfel beinhalten solche
Rituale, die strukturell bestimmte Exklusionsmecha-
nismen bedingen.

Ich habe lange geglaubt, es reiche aus, sich auf die erste
Form der Exklusion zu konzentrieren, es reiche aus, die
Normen von subjektiven Rechten, politischer Autonomie,
von radikaler Gleichheit lediglich auf ihre Wirkmächtig-
keit in unseren Gesellschaften zu überprüfen – und dann
zu korrigieren.

Erst mit der Zeit, je offensichtlicher wurde, dass diese Mechanismen der Exklusion zwar manchmal, aber nicht immer intentional sind, dass sie keineswegs immer mit einer
politischen Absicht, mit dem Willen zur Diskriminierung
anderer verbunden sind – sondern dass Mechanismen der
Exklusion oftmals schlicht im blinden Fleck der eigenen
Ideologie liegen und sich deswegen, still, reproduzieren.

Normen als Normen fallen meist nur denen auf, die ihnen nicht entsprechen. Wer eine weiße Hautfarbe hat, hält die Kategorie Hautfarbe für irrelevant, weil im Leben eines Weißen in Europa Hautfarbe irrelevant ist. Wer heterosexuell ist, hält die Kategorie sexuelle Orientierung für irrelevant, weil die eigene sexuelle Orientierung im Leben eines Heterosexuellen irrelevant sein kann. Wer einen Körper besitzt, in dem er oder sie sich wiedererkennt, dem erscheint die Kategorie Geschlecht selbstverständlich, weil dieser Körper niemals in Frage gestellt wird.[2]

Wer den Normen entspricht, kann es sich leisten zu bezweifeln, dass es sie gibt.

Worin also die demokratischen Herausforderungen liegen? Wie diese normative Unwucht zwischen den Autoren und Adressaten des Rechts auszugleichen ist? Wie der demokratische Willensbildungsprozess, der aus den Fugen geraten scheint, wiederbelebt werden kann? Wie der Prozess, der die Volkssouveränität an das politische System bindet, wieder von den Mechanismen der Exklusion befreit werden kann?

Durchs Übersetzen!
Das mag Ihnen winzig vorkommen. Aber es erscheint mir die subversivste Strategie gegen all die genannten Formen der Exklusion.

Wir müssen Normen in Anwendungen übersetzen, Begriffe in Erfahrungen übersetzen, wir müssen technizistische oder finanzpolitische Expertensprache übersetzen in Geschichten von Zusammenhängen und Wirkungen, die in ihren lebensweltlichen Folgen erkennbar werden, wir müssen den Fluch aus Identität und Differenz in Ähnlichkeiten übersetzen, den Mythos des Authentischen in Vielstimmigkeit übersetzen, wir müssen die Geschichten und Bilder, mit denen wir jeweils, individuell und kollektiv, aufgewachsen sind, übersetzen in Geschichten und Bilder, die für andere verständlich sind.

Wie so etwas klingen kann?

Wie die Verschmelzung des Chores »*Lasset uns den nicht zerteilen*« aus der Johannespassion von Johann Sebastian Bach mit dem »*Sakanda*«, einem traditionellen Gesang aus Gabun, anlässlich von Beerdigungen und Trauerzeremonien, in der Sprache *Obamba*.

Warum dieses Beispiel aus der Musik? Weil einerseits dieser Prozess der Vermischung, der Aneignung einer Tradition durch eine andere, dieses Aufheben einer kanonischen Literatur, Musik, eines Rituals oder einer Idee, genau das ist, was die Globalisierung auch bedeutet: Hybridisierung, Vieldeutigkeit, Vielsprachigkeit! Und weil in dieser Vielsprachigkeit auch die Deutung und Übersetzung von Motiven und Gefühlen liegt: des Trauerns hier und des Feilschens dort.

Wenn wir an den »Baustellen der Demokratie« normative Veränderungen erreichen wollen, wenn wir für größere Freiheitsrechte oder Gleichheit ringen wollen, wenn wir überhaupt als Bürger, als Betroffene registriert

werden wollen und bislang als solche nicht gesehen wurden (weil wir im Süden leben, schwarz sind, transsexuell,
gehörlos oder jüdisch sind, weil wir psychisch oder physisch krank sind oder arm, weil wir in irgendeiner Weise
zu denen gehören, die als gefährlich gelten oder pervers,
als asozial oder nicht intelligibel), dann, fürchte ich, müssen wir mit *deskriptiven Strategien* antworten (um normative Veränderungen zu erwirken).

Wenn die Aufschrei-Debatte oder die über das N-Wort
eines deutlich gemacht hat: dann, dass es nötig ist, Begriffe wie »Sexismus« oder »Rassismus« nicht einfach
nur zu formulieren, diskursive und nicht-diskursive
Praktiken der Diskriminierung nicht einfach nur zu
kritisieren – weil das nicht *verstanden* wird, weil nicht
deutlich wird, was da genau kritikwürdig ist, was es bedeutet.

Es reicht nicht, Mechanismen der Exklusion nur zu
markieren, sie müssen ausbuchstabiert werden in konkrete Erfahrungen, sie müssen *übersetzt* werden in Bilder
und Worte, die anschlussfähig sind für diejenigen, die
diese Erfahrungen nie gemacht haben.

Der größte Gegner von Emanzipation und Anerkennung sind nicht repressive Gesetze allein, sondern mangelnde Vorstellungskraft.

Wenn wir also die Mechanismen der Exklusion unterwandern wollen, wenn wir Strategien der Inklusion entwickeln wollen, dann müssen wir an der Genauigkeit unserer Sprache arbeiten, dann müssen wir uns wieder und
wieder bemühen, unsere Trauer, unseren Zorn, unsere
Verzweiflung zu übersetzen in Geschichten und Bilder,

die nachvollziehbar machen, was diese Normen und ihre Anwendungen bedeuten.

»Anger is a bitter lock«, schreibt Anne Carson, »but you can turn it.«

Wie das gehen kann? Wenn ich zum Schluss vielleicht mit einer Analogie arbeiten darf, die deutlich macht, was es braucht für eine Rück-Eroberung demokratischer Räume und Prozesse, für eine Wiederaneignung der eigenen politischen Subjektivität und Autonomie auch derer, die ausgeschlossen werden?

In ihrem Buch »Der Körper im Schmerz« erzählt die amerikanische Philosophin Elaine Scarry von der Erfindung eines diagnostischen Instrumentariums, das Medizinern erlaubte, das Phänomen Schmerz genauer zu erfassen. Ronald Melzack entwickelte in den siebziger Jahren, gemeinsam mit seinem Kollegen Patrick Wall, einen eigenen Schmerz-Fragebogen. Während bis dahin Schmerz lediglich in schlichte »starke« oder »weniger starke« Schmerzen kategorisiert worden war, entwickelten die Mediziner ein sehr viel komplexeres Vokabular von »stechendem Schmerz«, »brennendem Schmerz«, »punktuellem«, »flächigem«, »pulsierendem« Schmerz. Scarry weist den Zusammenhang nach von Sprache und medizinischer Behandlung, von vielschichtigem, komplexem Vokabular und Therapierbarkeit.

Vielleicht ist es naheliegend, dass eine Autorin die »Herausforderungen der Demokratie« nur als sprachlich-erzählerische zu formulieren weiß.

Aber das ist es, was ich fordere: dass wir ein präziseres Vokabular entwickeln für unsere Schmerzen an und in der Demokratie, dass wir immer genauere, immer feinere, immer zartere Worte und Beschreibungen finden für das, was uns fehlt, dass wir die Begriffe, die uns verletzen, die Praktiken, die uns ausschließen, die Gesetze, die uns diskriminieren, übersetzen in Erfahrungen, die so genau, so kleinteilig ausbuchstabiert werden, dass sie auch diejenigen verstehen, die sie nicht kennen, dass wir auf diese Weise erkennen, was das Gemeinsame sein kann und muss und was das Individuelle, und dass wir auf diese Weise auch innerhalb der Kollektive, denen wir gerade zugeordnet werden, neue Verschiedenheiten und Vielheiten entdecken und zeigen können.

Erst dann werden wir, um mit Hannah Arendt zu sprechen, nicht nur im Plural existieren, sondern dieser Plural wird sich immer wieder neu konstituieren müssen und neu verhandeln, was uns als Demokratie sinnvoll erscheint.

Über das Reisen 1

Was das Reisen bedeutet? Wie das ist, wenn das Reisen
zur Lebensform geworden ist? Wenn eine Reise nicht den
normalen Alltag durchbricht, sondern selbst zur Normalität geworden ist? Wie jemand reist, die als Reporterin
nicht an idyllische Urlaubsorte aufbricht, sondern zu ver-
sehrten und verarmten Gegenden: nach Gaza oder Pakis-
tan, in den Irak oder nach Haiti?

Es beginnt damit, dass nicht eindeutig ist, *wann* eine
solche Reise eigentlich beginnt.

Ist das der Anfang des Reisens: wenn ich morgens den
Wecker ausschalte, meist, wenn es draußen noch dunkel
ist, und ich schlaftrunken in die Küche wanke, um einen
heißen Tee zu brühen? Wenn ich dann mit der ersten Tasse
in der Hand noch ein letztes Mal die Ausrüstung für die
Reise überprüfe? Alle Reißverschlüsse der großen schwarzen Tasche im Wohnzimmer öffne und die Liste der Gegenstände und Objekte durchgehe, die niemals fehlen dürfen, weil bei diesen Reisen in Krisengebiete später nichts
mehr zu ersetzen oder zu besorgen ist? Ich gehöre zu den
Menschen, denen es ein Rätsel ist, wie andere stolz darauf
sein können, mit wenig Gepäck zu reisen. Ich reise immer
mit *viel* Gepäck. Da gibt es zunächst das Überlebenswich-
tige: den kleinen Wasserkocher aus Edelstahl, die Dose

mit dem losen Assam-Tee, den kleinen Lederbeutel mit den Adaptern und Steckern für alle Varianten an Steckdosen, das Taschenmesser, das japanische Heilpflanzenöl, das als Allheilmittel wirkt, die extralangen Fingerstrip-Pflaster, das Ersatzpaar Schnürsenkel für die Stiefel, die Musik, die existentiell ist, weil sie die einzige Möglichkeit ist, später, in der Fremde, sich in eine andere Welt zu denken, sich auf eine musikalische Reise zu begeben, eine, die ruhiger ist, vertrauter als die, die einen gerade umgibt, und den Talisman, meinen persönlichen Glücksbringer, eine gläserne Murmel, die ich bei wichtigen Ereignissen oder eben Reisen in der Hosentasche trage ...

Und dann gibt es all die anderen Reiseutensilien und Kleidungsstücke, vielleicht nebensächlicher, aber dennoch gehören auch sie zur Tradition und zum Ritual des Reisens: die langärmligen T-Shirts, weil in islamischen Ländern es die Höflichkeit gebietet, dass die Arme bedeckt sind, der Schal, der auch als Schleier dienen könnte, die linierten Notizbücher, die feinen Filzschreiber und die Literatur.

Und wenn dann das Motorengeräusch von dem Taxi zu hören ist, das draußen auf der Straße vor meinem Haus hält und mich zum Flughafen bringt, wo Sebastian Bolesch, mein Fotograf und Reisebegleiter, meistens schon auf mich wartet, draußen vor dem Flughafengebäude, wo er die letzte Zigarette raucht – ist das der Anfang des Reisens?

Oder beginnt das Reisen Wochen vorher, wenn ich zu dem Kartenladen in meiner Nachbarschaft gehe und mir Landkarten für mein Reiseziel suche? Es sind Karten von

Ländern, in die wenige sonst freiwillig reisen. Ich schaue stets neidisch und bewundernd auf die prallen, eng gepackten Karteikästen mit den vielen Angeboten für Karten von den USA, der Provence oder der Toskana. Und betrachte dann wehmütig die Karteikästen für *meine* Länder, die nur spärlich bestückt sind, in denen meist nur einzelne, leicht angestaubte Karten herumliegen, weil schon seit Jahren niemand eine Landkarte von Afghanistan oder Kolumbien verlangt hat.

Und dann schnappe ich mir die Karten, wenn es überhaupt mehrere gibt, und breite sie aus auf dem großen Tisch in der Mitte des Raums und vergleiche die Vorzüge der geographischen gegenüber der politischen Darstellung, und am Ende kaufe ich meist alle.

Ich bin ein Landkartenfetischist. Ich liebe Landkarten.

In meinem Bücherregal zu Hause habe ich eine ganze Abteilung nur für Landkarten: es gibt kleine, dünne oder weiche, dicke Landkarten, Karten mit Beschriftungen in fremden Sprachen wie Farsi oder Urdu, deren Schrift ich nicht entziffern kann, die mir den Wohlklang der Berge oder Flüsse nicht verraten, aber die mir trotzdem gefallen, weil sie das Geheimnis des Unbekannten, das ich immer mit Landkarten verbinde, noch vergrößern.

Es gibt geknickte, dünngepresste Landkarten, die ich wochenlang in der Hosentasche getragen habe, Landkarten, die in Klarsichtfolien stecken, damit sie nicht auseinanderfallen, es gibt historische Atlanten, riesige Bücher, die nur mit Kraft aus dem Regal zu heben sind, und kleine, in Leder gebundene Taschenatlanten, die leicht zu verstauen sind.

Alle gebrauchten Landkarten sind mit Kringeln über-
sät, reiht man sie aneinander, lässt sich die Route nachvollziehen, auf der wir durch das Land gereist sind, mit
schwarzem Filzstift sind Orte markiert, Kirchen oder
Grenzübergänge. Manche dieser Kreise erzählen Geschichten von Hochzeiten oder Abendessen im Freien, manche
erinnern an Beerdigungen oder Gefechte, manche Kreise
umranden trostlose Enklaven, manche berückende Oasen.

Die neuen Karten dagegen, die ich aus dem Laden mit
nach Hause nehme, sind noch unberührt und glatt. Sie
tragen keine Spuren, keine Flecken, keine Knicke und
keine markierten Orte. Sie laden noch ein, alles zu erkun-
den, sie erlauben noch immer Reisen der Phantasie, so
kann ich mir Routen ausdenken, mit den Karten kann ich
mich auf imaginäre Reisen begeben: Ich kann mit dem
Finger Flüsse entlangfahren, ohne mich um Grenzen oder
Checkpoints zu scheren, ich kann Berge erklimmen, die
später unpassierbar sein werden. Manchmal stoppe ich
dann bei dem Namen eines Ortes und schlage ihn nach,
und dabei stoße ich dann auf eine Geschichte, die an
anderer Stelle nachzuschlagen und weiterzulesen ist, und
so, kreisend und vertiefend, gerät man in die Fänge eines
Ortes, wird man nach und nach in den Bann der Fremde
gezogen.

Vielleicht ist das der eigentliche Anfang einer Reise:
dieses Suchen und Sammeln vorab. Vor jedem Aufbruch,
vor jeder Abreise liegt immer eine Frage, etwas, das mich
umtreibt, etwas, das mich unruhig stimmt. Es kann eine
Meldung sein über Olivenbauern im Westjordanland, die
ihre Bäume nicht abernten können, weil der Sperrwall sie

von ihrem eigenen Land fernhält, es kann der Klang der »Oud« sein, der arabischen Laute, und ein Lautenspieler, ein Meister des Instruments, der über die Geschichte irakischer Musik spricht, so dass er die Gegenwart des Krieges für einen Augenblick vergessen lässt, es kann der Blick einer Frau sein, auf einem Foto, die aus Angst vor Vergewaltigung über die afghanisch-pakistanische Grenze fliehen musste, es kann ein Vers sein, in einem Band persischer Dichtkunst, oder ein Gespräch mit einem Fremden, der mir etwas erzählt, was ihm widerfahren ist, etwas, das ihm keiner glaubt, weil es so furchtbar ist, dass es jedem Menschen aus einer unversehrten Gegend unwahrscheinlich erscheinen muss.

Das Schreckliche erscheint uns, die wir verschont geblieben sind, allzuoft unwahrscheinlich, wohingegen es für diejenigen, die Leid erfahren, leider allzu wahrscheinlich ist.

Es braucht nur eine solche Berührung, etwas, das einen nicht wieder loslässt. Das kann etwas Verstörendes sein, etwas, das nicht recht ist, etwas, das niemanden interessiert, aber interessieren müsste.

Das kann etwas Bewegendes sein, etwas, das überraschend schön oder beglückend ist, von dem niemand weiß, von dem aber alle wissen sollten.

Es sind solche Stachel, winzige Momente, kurze Augenblicke und Szenen, die der Auslöser für Reisen in Krisengebiete sind.

Manches daran ist wie ein Impuls: Da sind Menschen in Not, die brauchen Hilfe, und so wie man nach einem Glas Wasser greift, wenn es vom Tisch zu fallen droht, unbewusst, reflexhaft, so unbewusst und reflexhaft reagiere ich auf Bilder von Flüchtlingen oder Eingeschlossenen. Das ist eine Intuition. Nicht mehr. Das ist nichts Besonderes.

Aber natürlich gibt es mehr Not als Möglichkeiten des Reisens, es gibt mehr Orte, an denen es Geschichten über Ungerechtigkeit und Leid zu beschreiben gäbe, als irgendein Budget irgendeiner Redaktion es finanzieren könnte. In der gegenwärtigen Bilderflut werden wir alle ununterbrochen überwältigt und überfordert von unserem Mit-Wissen von bedrängenden Notlagen weltweit. Es ist für *jeden* eine moralische Überforderung, auf alle diese Ereignisse und Nöte reagieren zu wollen.

Und deswegen reicht der politische oder moralische Impuls allein nicht aus. Es braucht noch etwas anderes. Etwas Persönlicheres. Es gibt immer noch ganz private Neigungen, idiosynkratische Bezüge, die einen zu einem Land hinziehen oder von einem anderen abhalten. Es gibt assoziative Anregungen, die die eigene Neugierde und das Fernweh steuern. Manche davon sind einem bewusst, manche nicht. Vielleicht glauben wir, wir reisten aus politischem Interesse, vielleicht stimmt das auch. Aber oft liegt dem noch eine andere, ältere Schicht einer *früheren* Sehnsucht zugrunde.

Ein Beispiel? Immer schon wollte ich in den Irak reisen. Nicht erst seit der Irak zu trauriger Prominenz gekommen ist, nicht erst seit verschiedene Kriege das Land erschüttern. Ich bin aufgewachsen mit den Geschichten von Abraham, der in der Stadt Ur zu seiner Reise aufbrach. Das Zweistromland von Euphrat und Tigris war das phantastische Land der Erzählungen meiner Kindheit. Ich habe mir ausgemalt, lange bevor ich die erste Landkarte des modernen Irak in den Händen hielt, wie die Farbe des Flusses wohl sei, wie das Tor von Ninive wohl aussehe, wie das Licht und die Gerüche dort sein mochten. Diese inneren Bilder haben eine eigene Kraft, eine eigene Sinnlichkeit, und sie sind nicht weniger real als die äußeren, die später, erst über die Medien und dann durch das eigene Reisen, hinzukommen.

Lange bevor die Reisen beginnen, sind wir also schon aufgebrochen, in uns, in den Geschichten, die wir schon mit uns herumtragen, die wir uns anlesen, in historischen Büchern, in der Literatur, der Musik, all das, was wir vorher anfüllen als Reservoir aus Wissen und Erfahrung, aus Einbildung und Kenntnis – und aus dem wir dann schöpfen.

Das ist es, was es braucht, um eine Sehnsucht zu erzeugen: ein Bruchstück von Wissen, der Fetzen einer alten Melodie, irgendetwas, an das sich anschließen lässt, etwas, das einen auf die Fährte setzt, etwas, das eine frühere Spur aufnimmt. Das ist nicht nur vor einer Reise wichtig, sondern auch später in der Fremde selbst. Wenn es nur einen Bezug gibt, der an etwas Eigenes anknüpft: eine Vogelstimme, die auch in der Kindheit erklang, ein Versmaß, dessen Rhythmus einem vertraut ist, ein Kartenspiel, das sich auch wortlos mit alten Männern spielen lässt, was auch immer es ist, das einen selbst hineingleiten lässt in eine andere Kultur, eine andere Zeit, eine andere Gemeinschaft, ob es angelesenes Wissen über dieses fremde Land ist oder die Liebe zu einer Melodie, jede noch so obskure

Fertigkeit oder Passion kann in der Fremde auf einmal integrativ und einladend wirken.

Natürlich gibt es auch eine professionelle Methodik des Reisens, natürlich gibt es auch rationale Pläne, wozu eine Reise dient, welche politischen oder sozialen Fragen untersucht werden sollen, welche Perspektiven für welche Probleme relevant sind, welche Personen oder Institutionen repräsentativ und wichtig sein könnten. Natürlich gibt es eine Grammatik der Recherche für solche Reisen.

Aber die Kunst des Reisens ist neben dem mitgebrachten Material, neben den inneren Landkarten, den individuellen Sehnsüchten und dem angelesenen Wissen, neben all dem, was im eigenen analytischen oder emotionalen Gepäck mitreist, neben alldem ist es vor allem die Kunst, all das Mitgebrachte im entscheidenden Moment wieder zu *vergessen*, bereit zu sein, sich überraschen, sich verunsichern, sich überwältigen zu lassen.

Die Kunst des Reisens besteht nicht darin, etwas zu wissen über den Ort, an den man fährt, sondern es zu vergessen, wenn man sich dort verliert.

Vielleicht beginnt dort erst das Reisen: wo die Karte aufhört, die Straße endet, das Haus nicht zu finden ist, zu dem man eigentlich wollte, der Übersetzer niemanden mehr kennt und das offene Reisen beginnt, das nur aus Vertrauen besteht, das sich leiten lässt von einem Bauern am Wegrand, einer Großmutter, die einem stumm den Weg zeigt, das ist das eigentliche Reisen, bei dem man nicht mehr weiß, wo man übernachten wird, bei wem und welche der Überzeugungen, die man noch am Morgen hatte, am Abend Gültigkeit behalten werden.

Am meisten gelernt habe ich eigentlich immer so: Wenn wir irgendwo festsaßen, in Kolumbien, wo uns eine Familie in ihr Haus zog, weil draußen der Guerillakampf tobte und wir auf der Straße nicht überlebt hätten, in den Stunden, auf dem Fußboden in der Küche dieses kleinen Hauses, haben wir uns Geschichten erzählt, wir aus unserer und sie aus ihrer Welt, wir waren gleichermaßen verloren in diesem Krieg, für diesen Moment zumindest waren wir einander ähnlich, keiner näher oder ferner dieser Gewalt, die uns gleichermaßen bedrohte, und so haben wir etwas verstanden von dem Leben in Kolumbien, etwas mehr, als wenn wir auf den vertrauten Wegen geblieben wären.

Es muss gar keine bedrohliche Situation sein, manchmal ist es nur ein Gespräch, das anders verläuft als geplant, ein radikaler Sheikh, der auf einmal wirklich spricht und auch die Gegenrede verstehen will, ein der Tradition verhafteter Vater, der trauert und jemanden braucht, bei dem er sich das zugesteht, eine verschleierte Frau, aus der ihre Vorstellungen von Sexualität herausbrechen, aber auch Gespräche, in denen wir selbst Uneingestandenes entblößen, Zweifel an bisher Unhinterfragtem äußern, weil das Gegenüber das einfordert oder ermöglicht.

Die wirklichen Reisen entstehen im Gespräch mit Fremden, in diesen Momenten, in denen die Welt um einen herum auf einmal verschwindet, in denen das Eigene unsichtbar wird und das Fremde auch, und auf einmal etwas Gemeinsames aufscheint: Menschlichkeit.

Das ist das eigentliche Ziel das Reisens, dieser Moment, der alles transzendiert, den Ort, die Sprache, alles, was einen unterscheidet, macht dieses Gespräch erst möglich, und doch spielen die Unterschiede dann keine Rolle mehr. Natürlich gibt es Dissens, natürlich gibt es Uneinigkeit. Aber wenn sie gelingt, die Reise des Gesprächs, dann entstehen Begegnungen, die alle verändert zurücklassen.

Und so beginnen Reisen nicht nur immer wieder neu, sondern kommen nie zu einem Ende. Einmal zurück, in Berlin, ist die Reise nicht vorbei, sondern die Bilder und Begegnungen, die Gerüche und Gewürze haben sich eingeprägt, sie machen nicht mehr nur einen Ort und ein anderes Land aus, sondern von nun an auch mich und mein Leben.

All das trage ich in mir, morgens früh, wenn das Taxi mich zum Flughafen bringt und mein Freund und Fotograf Sebastian Bolesch draußen steht und seine letzte Zigarette raucht und ich mich freue, jedes Mal wieder, wenn ich ihn da stehen sehe und weiß, wir begeben uns einmal wieder ins Ungewisse. Am schönsten ist der Moment, wenn wir dann nebeneinander im Flugzeug sitzen, das Gepäck verstaut ist, alle Sicherheitskontrollen hinter uns liegen und nun nichts mehr dazwischenkommen kann zwischen uns … und das Glück des Reisens.

Über das Reisen 2:
Haiti erzählen

Wie von Haiti erzählen?

Wo beginnen, wenn doch jeder so viele Bilder gespeichert hat, aus den ersten Tagen des Erdbebens, wo sich doch so viele Erzählungen und Geschichten über Tod und Verwüstung auf Haiti eingeprägt haben? Wie gegen die Gewöhnung ansprechen, die sich wie Lava ausbreitet, mit langsamer Massigkeit, die alles schluckt und die jede Neugierde und Anteilnahme zu verhärten droht? Wie verhindern, dass Haiti nur wie irgendein Ort der Welt klingt, an dem getrauert und gelitten wird?

Wie kann ich von Haiti erzählen, dem einzigartigen, erschütternden Haiti, das schlimmer war als alles, was ich mir vorher ausgemalt hatte?

Wie kann ich erklären, dass Haiti nicht Haiti ist, dass es anders ist, dass all die Bilder, all die Texte, die *auch ich* vorher gesehen und gelesen hatte, nicht ausreichen, wie kann ich erklären, dass Haiti überrascht und verwirrt, dass nichts bekannt ist in so einer Gegend und dass jede Beschreibung aus dem Wendekreis des Elends immer unvollständig bleibt, dass es sich immer ungenügend anfühlt, wie diese Bettdecke aus der Kindheit, die ein wenig zu kurz war, und sosehr man auch daran rupfte und zog, sie deckte nie alles ab, und es blieb zu kalt.

189

Wie diese Decke erscheinen mir meine eigenen Versuche, die Welt aus Haiti zu beschreiben. Manchmal versuche ich es. Manchmal frage ich Freunde, ob sie etwas hören wollen von Haiti. Dieses Sprechen ist wie der Probelauf zum Schreiben. Als ob ich einmal testen müsste, wie eine richtige Erzählung aus Landschaften der Gewalt und der Trauer aussehen müsste, damit sie nachvollziehbar ist.

Manchmal frage ich meine Freunde, ob ich ihnen etwas schreiben darf. Manchmal frage ich das schon auf der Reise selbst. Ob ich schon mal berichten darf von dem, was ich erlebe. Manchmal reagieren meine Freunde gar nicht.

Manchmal sagen sie: Ja, gern.

Und dann erzähle ich, und schon im Sprechen oder Schreiben merke ich, wie die Decke meiner Erzählung zu kurz ist, wie ich mich frage, wie viel Zeit sie wohl haben, wie lange ich sie wohl belasten darf mit dieser Uferlosigkeit des Schreckens auf Haiti, frage mich, wo ich eigentlich beginnen soll, ihren Wirklichkeitsbegriff zu öffnen für eine Welt, in der nicht nur an einer Stelle etwas aus den Fugen geraten ist, eine Welt, die nicht nur an einer Stelle beschädigt ist, sondern die scheinbar nie in den Fugen war.

Wie kann ich das erklären? Wenn ich es doch selbst mir nicht hatte vorstellen können? Wenn ich es doch selbst schon nicht begreifen konnte, selbst in dem Moment des Erlebens, dort auf Haiti nicht, weil es Erfahrungen gibt, die so furchtbar erscheinen, dass wir sie kaum glauben können.

Vielleicht gibt es Grenzen, psychische Grenzen, die uns

davor beschützen, uns Grauen vorzustellen, vielleicht ist es unsere hiesige Unerfahrenheit mit Leid, die uns so beschränkt.

Manches wollen wir uns einfach nicht vorstellen.

Aber manches müssen wir uns vorstellen, weil wir es sehen, weil wir es erleben. Und doch stehen wir dann wie begriffsstutzig davor und können die einzelnen Teile nicht zusammenfügen zu einem Bild, das Sinn ergibt.

Vielleicht erzähle ich von Haiti, indem ich von diesen einzelnen Teilen erzähle, Bruchstücken von Erfahrungen, die sich nicht zusammenfügen lassen, die nicht anschlussfähig sind an etwas, das wir kennen, und die nicht versöhnen können mit einer Welt, in der so etwas geschehen kann.

Wie z. B. die Szene mit diesem Jungen, er war vielleicht zehn oder elf, der vor meinem Fotografen Sebastian Bolesch stand und ihn fragte: »Do you want to be my daddy?«

Wir hatten am Straßenrand gehalten, irgendwo in der Ebene nördlich von Port-au-Prince, als eine Gruppe von drei Jungen heranschlenderte. Wir waren Fremde mit einem Auto, Weiße, das war das Einzige, was sie von uns wissen konnten, weil es sichtbar war.

Es war kein Zuhälter bei diesem Jungen, kein Menschenhändler, der ihn entführt hatte, um ihn zu verkaufen, keine verzweifelte Mutter bot ihn an in der Hoffnung, bei uns ginge es ihm besser als bei ihr.

Nein.

Da stand einfach ein Junge und bot sich selbst an.

Er fragte nicht nach Geld, er verkaufte nicht seinen

Körper, er rechnete nicht mit Sex, er rechnete vermutlich mit gar nichts.

Solche Szenen sind es, an die ich denke, wenn ich sage, sie sind nicht anschlussfähig, sie verbinden sich mit nichts in unserer eigenen Erfahrungswelt, sie bleiben vereinzelt, unbegriffen, weil sich die emotionale Textur einer Welt so schnell nicht verstehen lässt, in der ein Junge sich als Sohn anbietet.

»No, I am sorry, I don't want to have a son.« –

»But I don't have a daddy« …

Was sollte man auch dazu sagen?

»I only have a mother.«

Was für ein Leben musste das sein, aus dem es sich so zu verschwinden lohnt? Wie schwach muss die Bindung an die eigene Mutter sein, dass sie so leicht zu verlassen ist? Wie brutal das Zuhause, dass es freiwillig gegen etwas Unbekanntes einzutauschen ist?

Vielleicht ist es abwegig, so darüber nachzudenken. Vielleicht ist das ungerecht. Was weiß denn ich? Wie oft hatte dieser Junge genau diese Szene bereits gesehen: Ein Auto stoppt, ein weißes Paar steigt aus und will einen Jungen mitnehmen? Wie oft war ein einzelner Mann ausgestiegen? Wie viele seiner Freunde waren schon so fortgezogen, irgendwohin, weit weg, wo weiße Menschen wie wir lebten, die es sich leisten konnten, nach Haiti zu fliegen, nur um zu sehen, wie schlimm es dort nach einem Erdbeben aussieht? Wie viele seiner Freunde waren schon weit weg gegangen, dorthin, wo weiße Menschen lebten, die es sich leisten konnten, nach Haiti zu fliegen, nur um sich hier »Frischfleisch« für ihre krankhafte Pädophilie zu

besorgen? Wie viele seiner Freunde waren so schon vergewaltigt und misshandelt worden, ohne dass er es wüsste,
denn Briefe schreiben die Freunde nicht mehr, wenn sie
einmal fort sind?

Von Haiti zu erzählen ist deswegen so schwer, weil die
Trostlosigkeit dort die eigene Vorstellungskraft übersteigt.
Weil es jenseits unserer Erfahrung liegt und jenseits aller
Erfahrung, die ein Mensch erleiden sollte. Weil es einen
fassungslos zurücklässt, fassungs-los, weil man nach Fassung ringt, aber auch, weil es nicht zu fassen ist, es lässt
sich nicht handlich machen, nicht kleinteiliger, nicht her-
unterbrechen auf etwas, das wir verstehen können. Es
lässt sich so schwer verstehen, weil man es nicht verstehen
will. Die Psyche sperrt sich, das moralische Empfinden
sperrt sich, das Bewusstsein sperrt sich.

Wer will schon das Leben eines Kindes verstehen, wer
will sich das Leben eines Kindes schon ausmalen, das sich
einem Fremden anbietet, einfach so.

Von Haiti zu erzählen ist auch deswegen so schwer, weil
das, was in den Medien von Haiti zu sehen war, nicht das
erfasst, was in Haiti zu sehen ist.

Die Bilder, die sich durchsetzten in den Bildredaktio-
nen oder Nachrichtenredaktionen, zeigten zumeist einzelne zusammengebrochene Gebäude, an denen die wü-
tende Kraft des Erdbebens deutlich wurde. Wie die Fotos
von dem großen, eleganten Präsidentenpalast, der in sich
zusammengesackt war. Wieder und wieder hatten Fotografen nach dem einen ikonographischen Bild gesucht,
das das ganze Elend symbolisch abbilden kann. Aber die
Suche nach *einem* Bild, das alles erklärt, verändert den

Blick. Sie lässt nach *einem* trauernden Kind, nach *einem* Leichnam im Schutt, nach sich reckenden Händen in *einer* hungrigen Menge suchen.

Diese Bilder sind nicht falsch. Sie stimmen.

Aber sie zeigen nur die Qualität des Leids, nur die Macht der Zerstörung. Aber nicht die Quantität, nicht das Ausmaß. Dafür reicht ein Bild nicht aus. Dafür braucht es Geschichten aus Bildern, Erzählungen von verschiedenen Bildern, die Landschaften abdecken, nicht einzelne Grundstücke.

Das könnte für bewegte Bilder und damit das Fernsehen anders sein, schließlich wäre es dort möglich, Bildfolgen zu zeigen, aber wenn die Bildfolgen ihrerseits nur aneinandergeschnittene Bilder oder Sequenzen von Bildern zeigen, die nach ähnlichen Gesichtspunkten ausgewählt sind, die in sich kleine Gemälde sind, komponierte Still-Leben, dann vermitteln auch sie vielleicht maximale Dramatik im Bild, aber nicht unbedingt die dramatische Situation auf Haiti.

Am ehesten wäre eine Kamerafahrt durch eine einzige Straße angemessen, die die Langmütigkeit des Schreckens einfängt, eine Fahrt, bei der ein zerstörtes Haus nach dem nächsten in den Blick gerät, und noch eins, und noch eins. Die Häuser selbst müssten gar nichts Besonderes an sich haben, es brauchte nicht einmal verweinte Frauen oder verwesende Leichen vor diesen Trümmern, einfach nur ein Haus nach dem anderen …

Ich zumindest hatte das so vorher nicht gesehen, und ich hatte es mir auch in diesem Ausmaß so nicht vorstellen können.

Am ersten Abend fuhren wir durch die Straßen von Port-au-Prince, und ich redete mir ein, dass die Zerstörung begrenzt sei, dass das Erdbeben weniger schlimm als befürchtet gewütet hätte, ich sah einzelne intakte Gebäude und versuchte, mich zu beruhigen. Die Wucht des Bebens, seine schreckliche Kraft las ich an einzelnen Ruinen ab: der zerstörten Kathedrale, dem Finanzministerium, an den Gebäuden der Macht.

Das war erschreckend, aber es war begrenzt.

Doch am zweiten Tag und am dritten und am vierten zogen wir weitere Kreise, fuhren durch weitere Straßen, durchwanderten weitere Viertel und sahen immer weitere Zerstörungen, überall, Trümmer über Trümmer, Häuser, die in sich zusammengesunken waren, so dass nur noch die Decken der einzelnen Stockwerke übereinanderlagen wie bei einem Schichtkuchen, Häuser, die sich seitwärts verzogen hatten, die in der Achse gebrochen waren, wir liefen Straßen ab, in denen jedes Haus in eine andere Richtung verschoben war, und erst dann wurde deutlich, wie grenzenlos die Zerstörungen waren, keine Gegend, die heil geblieben wäre, ein heil-loses Elend, das zwar in seiner Qualität darstellbar ist, aber kaum in seiner Quantität.

Diese Quantität ist nicht einfach nur ein ästhetisches Problem. Das Ausmaß dieser Katastrophe ist nicht bloß ein Darstellungsproblem.

Das ist es auch. Aber nicht nur.

Das Ausmaß dieser Katastrophe, die Quantität des Verlusts, des Kummers und der Trauer, das ist auch ein moralisches Problem, es wirft existentielle Fragen auf, nach

den Grenzen des Erträglichen, nach dem Adressaten der
Klage, nach der Quelle des Leids: Wenn das Schicksal sich
in ewiger Wiederholung über Haiti entlädt, wenn der Zufall so oft dieses Land versehrt, wie schnell beginnen wir
an der Zufälligkeit des Zufalls zu zweifeln.

Kann diese Ungerechtigkeit wirklich unverschuldet
sein? Ist es ein Fluch oder ist es auch Unvermögen?

Das schiere Ausmaß der haitianischen Tragödien, der
Abfolge von Naturkatastrophen und Staatsstreichen, die
Wiederholung von Tod und Verwüstung, scheint uns na-
türlich nicht mehr erklärlich.

Vielleicht kann ich auch deswegen nicht aufhören, über
Haiti nachzudenken, über das Unrecht, über das, was so
besonders ist an diesem Land und seiner Verzweiflung.

Selten habe ich mich auf einer Reise so hilflos gefühlt,
nicht nur hilflos im Handeln angesichts der immensen
Not, sondern auch hilflos im Denken, über das, was richtig und was falsch ist, was möglich und unmöglich ist, was
erträglich und was unerträglich.

In Fort National, einer armen Gegend im Norden von
Port-au-Prince, saß ein Mann vor den Trümmern seines
Hauses und hämmerte auf einen gekrümmten Stahlbügel.
Das Gebäude hinter ihm war unbetretbar, es gab keinen
Eingang mehr, keinen Raum, keine Kontur des Hauses,
das einmal sein Zuhause gewesen war, rechts und links von
ihm türmten sich Geröllmassen, Stahlträger und Schutt,
weiter links und rechts von ihm stand und lag ein zerstörtes Haus neben dem anderen, die ganze Straße entlang,
den Hügel hinauf und hinab, nichts als Trümmer, flach-
gepresst, aufgerissen, querliegende Dächer oder Decken,

fast alles in Fort National, die Schule, die Kirche, der Lot-
toladen, alles war zerstört.

Und da saß er nun und schlug mit einem kleinen Hammer auf diesem Stück Eisen herum.

Wozu?

Wozu machte er das? Was brachte das noch? Welchen
Sinn hatte es, an diesem Detail herumzuackern, wenn
doch das ganze Haus zerstört war, die Straße, die Nachbarschaft, ganz Port-au-Prince.

Einige Häuser, einige zerstörte Häuser weiter saß eine
Frau auf einem kleinen drahtigen Stuhl auf dem Boden
eines Hauses, das nicht mehr stand. Sie saß da einfach und
tat nichts. Es gab keine Wände mehr, keine Mauern, keine
Türen, keine Fenster, nichts. Und doch kam sie hierher
und saß in ihrem ehemaligen Wohnzimmer, als ob es noch
stünde. Wozu? Wozu machte sie das? Welchen Sinn hatte
das, untätig herumzusitzen und vor sich hin zu starren? In
den Trümmern hinter ihr lagen ihre Schwägerin und ihre
Nichte, wie sollte sie da weggehen, sagte sie, wie konnte sie
nicht hierherkommen, jeden Tag, und auf dem kleinen
Stuhl im Nichts sitzen, ohne Abschied lässt sich nicht trauern.

Wie oft hatte sie wohl schon so dagesessen? Wie viele
Angehörige hatte sie schon verloren, bei diesem Erdbeben
oder bei früheren Naturkatastrophen, bei Staatsstreichen,
Putschversuchen, Militär-Interventionen, wie viel Kraft
trug sie noch in sich, wie wehrlos wird ein Mensch, dem
wieder und wieder, ohne eigenes Zutun, alles Aufgebaute
genommen wird? Wie hoffnungslos, wie mürbe?

Wie ich so durch die Straßen von Fort National wanderte, vorbei an dem Leichengeruch, der aus den Trümmern drang, vorbei an den Kindern, die neben der offenen Feuerstelle auf eine Schale Suppe warteten, vorbei an den Männern, die vor sich hin schwiegen, weil es nichts mehr zu sagen gab, da fragte ich mich, ob sie sich an das Leid, das ihnen widerfährt, gewöhnen?

Vielleicht wünschte ich mir das nur, weil es dann erträglicher wäre, für mich, die ich nichts zu ertragen habe, vielleicht könnte ich es nicht aushalten, was sie aushalten müssen, vielleicht frage ich mich deshalb: Wird der Schmerz geringer, wenn er zu einem ständigen Begleiter geworden ist?

Stimmt das? Nimmt das Leid ab, nur weil es sich wiederholt? Gibt es eine Halbwertszeit für Schmerz? Ist die Tragödie wirklich geringer, wenn sie länger anhält? Glauben wir das? Dass Menschen weniger leiden, je länger sie leiden? Dass sie sich daran gewöhnen?

Ich werde wieder nach Haiti fahren. Weil die Not anhält, weil die Trauer gerade erst begonnen hat und weil ich noch nicht verstanden habe, was dort geschehen ist, weil ich nicht verstanden habe, wie die Menschen weiterleben können, woher sie die Kraft nehmen, den Glauben, der unerschüttert scheint, auch wenn alles andere erschüttert und zerstört ist, weil ich noch all diese Fragen habe, weil ich es noch nicht gut genug erklärt habe, wie das ist: Haiti.

Über das Reisen 3:
Von einer anderen Form des Reisens

Ich bin umgezogen.

Das ist ein merkwürdiger Anfang für einen Essay über das Reisen.

Und dabei bin ich noch nicht einmal fortgezogen, nicht in ein anderes Land oder eine andere Stadt, so dass mit dem Umzug die Entdeckung einer anderen Welt einherginge. Nein, ich bin in derselben Stadt umgezogen. Von einem Viertel in ein anderes, von einer Wohnung in eine andere.

Ich hatte das unterschätzt. Ich hatte gedacht, ein Umzug sei nur ein Umzug. Natürlich wusste ich, es bräuchte Helfer für den Transport der Möbel und der Regale, vielleicht würde es eine Weile dauern, bis die vielen Bücher, die mit mir in meiner Wohnung leben, in möglichst kleinen Kartons verpackt wären. Aber das war's, dachte ich. Das war der Umzug. Die Dinge würden einfach in die andere Wohnung wandern, und das Ganze wäre vorbei, ein gleichsam technischer Vorgang, eine Art mobiler Verwaltungsakt.

Mit dem Reisen, meiner beruflichen Lebensform, mit der Fremde, dem Stromern in unbekannten Gegenden und Lebenswelten, mit der Freude an anderem Licht, anderen Geräuschen, anderem Essen, mit dem Staunen über

Andere, aber auch mit dem Staunen über mich selbst in der Wahrnehmung der Anderen, mit all dem, was mich so anzieht am Reisen, konnte das nicht viel zu tun haben, dachte ich.

Was für ein Irrtum. Ein Umzug ist eine Reise, eine Reise, die andauert, die sich in verschiedene Richtungen gleichzeitig bewegt, in die Vergangenheit und in die Gegenwart. Auch wenn ich schon in der neuen Wohnung angekommen bin, so hat mich doch die alte nicht verlassen. Anstatt mich von meiner letzten in meine nächste Wohnung zu führen, bringt mich der Umzug zurück, in jedes Haus, jede Wohnung, jedes Zimmer, das ich je bewohnt habe.

Vielleicht ist dies der Moment, an dem ich gestehen muss, dass ich zu der Spezies der Sammler gehöre. Was schlimmer ist: Ich stamme aus einer Familie von Sammlern.

Überhaupt ist die ganze Idee des Umzugs mit dem Tod meiner Eltern entstanden. Mein Bruder und ich mussten vor einigen Jahren unser Elternhaus auflösen. Ein Freund der Familie hatte uns geraten, das Aufteilen und Zuweisen der Dinge mit kleinen Aufklebern zu dokumentieren. Ich war mir damals recht dämlich vorgekommen, wie ich da stand, mit so einem Block grell leuchtender rosafarbener Post-it-Zettelchen. Es kam mir beschämend vor, jetzt durch das ganze Haus zu laufen und überall »mein Topf, dein Topf« zu spielen.

Zumal ich genau wusste, dass es eigentlich nur ein Objekt gab, das ich wirklich unbedingt besitzen wollte. Eine alte Kommode. Nicht, dass sie besonders wertvoll oder schön gewesen wäre, diese Kommode. Aber sie hatte eine Geschichte: Als wir Kinder waren, hatte meine Mutter stets die Brettspiele in der untersten Schublade verstaut. Wann immer wir uns zum Mensch-ärgere-dich-nicht oder Fang-den-Hut zusammensetzten, erklang zunächst das quietschende Geräusch des Aufziehens der Kommode. Was in der zweiten Schublade, der mittleren, aufbewahrt wurde, wusste ich nicht mehr. Aber die oberste Schublade barg einen ganzen Schatz an Krimskrams, darin verstaute meine Mutter Gummibänder und Kordeln, Klebstoff oder Reißzwecken, alles lag in den Tiefen dieser Schublade, die ich liebte.

Beim Auswählen der Dinge dachte ich in Geschichten. Ich dachte daran, was mit diesen Gegenständen verbunden war. Das konnte die kleine Streichholzschachtel sein, mit der ich in den letzten Wochen vor dem Tod meiner Mutter immer die Teelichte angezündet hatte, das konnte das alte Radio sein, das die Nachtwachen hindurch mein stoischer Helfer durch die Traurigkeit war. Es war nicht wichtig, ob ich diese Objekte in mein neues Leben einfügen könnte, aber ich wollte sie behalten, ich wollte ihre Geschichten nicht verlieren.

Ich dachte, die Kommode sei das Einzige, was ich haben wollte, aber wie wir so durchs Haus gingen, tauchten mit den Objekten auch die Geschichten auf: das alte Kartenspiel, mit dem wir gespielt hatten, kistenweise Briefe der Familie oder von Freunden, die edlen Salzfässchen, die nur zu besonderen Anlässen herausgeholt wurden, an Weihnachten oder beim Besuch der Großeltern, sie schimmern blau und erinnern mich umgehend an die gescheiterten Versuche meiner Mutter, ihre Schwiegereltern mit dem klassichen »Karpfen blau« zu beeindrucken.

Ich fand auch Dinge, von denen ich nichts wusste. Im Schrank meiner Mutter gab es einen Ordner, den ich nie gesehen hatte. Als ich ihn öffnete, entdeckte ich sämtliche Faxe, die ich je aus Hotels in Krisengebieten zur Beruhigung meiner Eltern geschickt hatte. Meistens waren es absurde Albernheiten: vom guten Essen in Kabul, von der schönen Sonne in Albanien, ich malte lustige Betten, in die ich ein kurzhaariges Wesen hineinversenkte, als Spaß, damit sich meine Eltern ausmalen konnten, mir ginge es gut. Ich blätterte durch diesen Ordner, und er versammelte wirklich alles, was ich in zehn Jahren an Lebenszeichen aus den trostlosen Gegenden dieser Welt geschickt hatte.

Wie ich also so durch das Haus wanderte, tauchten sie alle wieder auf, die Geschichten der Dinge, ja, die Geschichten der Menschen, die sie gebraucht hatten.

Ich habe vieles mitgenommen.

Die Schulhefte meiner Mutter aus Argentinien. Die Serviettenringe von meinem Urgroßvater. Den Brieföffner, den meine Mutter ihr Leben lang benutzte. Das Thermometer, auf das mein Vater morgens schaute, als könnte er nicht fühlen, wie kalt es draußen war.

Zu meiner Entschuldigung sei gesagt: Wir haben auch viel weggegeben, an Freunde, Bekannte, das Flüchtlingsheim in der Nachbarschaft, den Obdachlosenverein in der Stadt und an meine frühere Schule. Es ist nicht so, dass ich mich von gar nichts hätten trennen können. Es war nicht nur Sammlerwahn, der die Dinge in meine Hände trieb.

Da waren auch schlichte Nützlichkeitserwägungen. Natürlich gab es auch Gegenstände, die ich brauchen konnte: Töpfe und Pfannen, zwei Tische, Bettwäsche, also das, was früher mal Aussteuer hieß oder Mitgift, im Zeitalter homosexueller, unverheirateter Töchter aber irgendwie verloren gegangen ist als Tradition. Nicht, weil die Eltern daran nicht mehr gedacht hätten, sondern weil es abzulehnen mir progressiver erschienen war.

Davon konnte jetzt keine Rede mehr sein. Dankbar legte ich ein Laken über das andere und verpackte alles in Kisten. Und das war's dann erst mal.

In meiner Wohnung in Berlin war gar nicht genug Platz für all die Dinge aus dem Haus meiner Eltern. Das alte Klavier, die zwei Tische, all die Kisten wanderten zunächst in einen großen Container am Rande der Stadt. Sie verschwanden in der Versenkung. Das war nicht nur ein pragmatischer Akt, ich holte all die Sachen meiner Mutter nicht nur deswegen nicht in meine Wohnung, weil ich sie nicht unterbringen konnte, sondern weil ich es nicht ertragen hätte, sie um mich zu haben. Mit jedem Objekt wäre der Schmerz über den Tod meiner Mutter wieder neu entzündet worden. Da war der Container ein angenehmer Zwischenhalt.

»Self storage« hieß das Zauberwort, und mit den Jahren, die meine Sachen dort lagerten, begann ich zu begreifen, dass das wörtlich zu nehmen war: Ich hatte einen Teil meiner selbst dort eingelagert, all jene mit Erinnerung behafteten Dinge, zu denen ich für eine Weile nicht reisen wollte. Zu denen ich mich nicht hindenken konnte, weil es zu schmerzlich gewesen wäre. Ich dachte, sobald ich eine neue Wohnung hätte, kämen die Sachen aus dem Haus meiner Eltern ja zu mir. Aber dann dauerte die Suche nach einer größeren Wohnung immer länger. Vermutlich dauerte sie genau so lange, wie die Trauer brauchte, um sich etwas zu senken. Die Trauer brauchte ihre eigene Zeit, und erst als der Kummer milder, die Verzagtheit stiller war, konnten die Dinge heraus aus dem Container und hinein in mein Leben.

Nun also stand der Umzug an, mein Leben aus meiner Wohnung und all die Gegenstände aus der »Self storage« sollten in eine Wohnung gebracht werden, die verschiedenen Schichten der Vergangenheit sollten zusammenfinden, ohne dass es mich erdrückte. Darauf hatte ich immerhin geachtet beim Einpacken in meinem Elternhaus, dass ich nur kleine Dinge mitnehmen würde, die eine schöne Geschichte zu erzählen wussten.

Denn das ist es, was Sammler wie ich sammeln: Geschichten. Von allen meinen Reisen, aus Gaza oder New Orleans, aus Port-au-Prince oder Peshawar, von überall nehme ich etwas mit, das eine Geschichte erzählt, das eine Erinnerung birgt, das mir das Licht wieder aufscheinen lässt im Innern oder die Trauer der Menschen einer Region verkörpert. Eine rostige Schraube aus dem Schienenbett einer Bahnlinie entlang des Mississippi, die heute bei mir auf dem Schreibtisch liegt, erzählt von der Segregation von Schwarz und Weiß, die diesseits und jenseits der Bahnlinie lebten, die Züge fahren mittlerweile nicht mehr, mit dem Aufkommen des Lastverkehrs durch Trucks und der Privatisierung der Bahn in den USA sind viele Strecken stillgelegt worden – aber Schwarze und Weiße wohnen immer noch diesseits und jenseits der Gleise. Wenn ich diese schwere, alte Schraube sehe, fällt mir diese Geschichte der Bahn in den Vereinigten Staaten ein und was sie bedeutet hat für das Zusammenleben von Schwarzen und Weißen.

Oder dieser rötlich-gelbe kleine Stein aus dem Steinbruch von Jerusalem, den mir ein palästinensischer Arbeiter geschenkt hat, der seit zwanzig Jahren riesige Kuben aus dem Sandstein südlich von Hebron schneidet. Nach Jerusalem darf er schon lange nicht mehr, wie sein Stein, den er liebevoll dem Berg abgewinnt, verbaut wird, das wird er nie mehr sehen. Er hat keinen israelischen Pass, und die Mauer versperrt ihm den Zugang zu der Stadt, deren Stein das Licht im Sonnenuntergang so besonders reflektiert.

Ich sammle diese Objekte gemeinsam mit Fotos von den Reisen, mit Ausweisen aus Ländern, die es schon nicht mehr gibt, ich staple Tücher und Schals, die mir jemand zum Abschied geschenkt hat, ebenso wie alte Konzert-Eintrittskarten, Liebesbriefe, Postkarten von meinem Lieblingscafé in Boston, kleine Holzstatuen … es ist das Sammelsurium einer Reisenden.

Mit dem Umzug mischen sich nun diese Geschichten mit denen von früher, meinen eigenen, aus meiner Kindheit, Erinnerungen, die ich schon längst vergessen hatte, wie die an den Karpfen blau meiner Mutter, die nur auftauchte beim Anblick des Salzfässchens. Auf einmal, in der neuen Wohnung, fühlt es sich gar nicht so sehr nach Aufbruch in ein neues Leben in diesen neuen Wänden an, sondern es ist eine Reise, eine offene Reise durch mein Leben, durch die verschiedenen Zeitzonen der Kindheit

und meines Erwachsenenlebens, all das, was üblicherweise in meinem Bücherregal unberührt und unbesehen
stand, tauchte auf einmal neu auf, all die Notizbücher frü-
herer Reisen, die Akten des philosophischen Kolloquiums
in Frankfurt, die Karteikarten, auf denen die Zitate für
meine Promotion notiert waren, auf einmal verschieben
sich diese Geschichten und Erfahrungen, legen sich über-
einander, als ob eine Schranke sich geöffnet hätte, die Bar-
riere der Trauer, die mich in den Jahren seit ihrem Tod
nicht die Dinge meiner Mutter anschauen ließ, ist geöffnet, aber auch der Ballast der Zeit, der mich vieles vergessen oder verdrängen ließ – auf einmal fügen sich diese Le-
benskreise zusammen, und ich kann darin herumreisen.

Gewiss, das ist ein anderes Reisen als das, was üblicherweise darunter verstanden wird. Aber es hat ähnliche
Momente: die Begegnung mit sich selbst, die Möglichkeit,
sich zu verlieren, die Leichtigkeit, sich zu verzetteln oder
zu verirren – all das gibt es auch anhand von Dingen, die
Geschichten von früheren Zeiten oder Generationen erzählen.

Vielleicht wäre das ohnehin eine hilfreiche Art, über das
Trauern nachzudenken, über die Erinnerung an Schmerz-
liches, als eine Form des Reisens. Vielleicht fiele es uns
leichter, uns darauf einzulassen. Vielleicht könnten wir
die Angst vor der unerwarteten Begegnung, die uns oftmals hemmt, dann überwinden. All das trauen wir uns ja
zu beim Reisen. Nur wenn unsere eigenen, inneren Landschaften uns einladen, wenn wir uns in unserer eigenen
Geschichte oder der unserer Familie auf Wanderschaft begeben sollen, dann zögern wir.

Vielleicht ist das der Grund, warum in meiner Familie so viel gesammelt wurde und warum ich diese Passion geerbt habe: weil wir gerne reisen, weil wir uns gerne erinnern, weil uns zwar das Schöne anzieht, aber das Kummervolle auch nicht abschreckt. Die gesammelten Objekte, die Steine, Nägel, Briefe, Muscheln, sind nicht nur Spuren der Vergangenheit, sondern Quellen des Selbst, die nicht versiegen, wenn denn jemand ihrer Einladung zu folgen weiß.

Nach zwei Wochen in der neuen Wohnung, inmitten all dessen, was ich gesammelt habe, fällt mir auf, wie sehr die Dinge mir ihre eigene Ordnung aufzwingen, wie eingeübt bestimmte Handbewegungen, bestimmte Abläufe in der Küche oder im Arbeitszimmer waren und wie verwirrend es ist, wenn nun auf einmal eine Ordnung erst entstehen muss. Die ersten Tage fühlte ich mich ganz orientierungslos, dabei war es ja meine Wohnung und auch meine Kleidung, waren es meine Bücher, meine Fotos, aber auf einmal hatten diese Gegenstände einen neuen Ort, manche hatten nun überhaupt erstmals einen Ort, was vorher auf dem Fußboden verstreut war, fand sich nun endlich in einem Bord wieder. Es war zunächst irritierend zu merken, wie abhängig man ist von Ritualen, von bestimmten Handlungsabläufen, von gewissen Orten, die das Leben strukturieren.

Nun ist der Umzug vorbei. Und das Reisen beginnt. Ohne auch nur vor die Tür zu gehen, kann ich reisen: zu anderen, zu mir selbst, in die Vergangenheit, in die Gegenwart, es ist ein beglückendes, bereicherndes, langsames Reisen entlang all der Dinge und der Geschichten, die sie erzählen.

Anmerkungen

»Weil es sagbar ist«
Über Zeugenschaft und Gerechtigkeit

1 Interessanterweise taucht das knappe »dies« noch an anderer
   Stelle auf: in Sarah Kofmans autobiographischem Fragment
   »Rue Ordener, Rue Labat«, in dem sie gleich zu Beginn
   über die Unfähigkeit, die eigene Erfahrung in Worte zu fassen, schreibt: »Vielleicht waren meine zahlreichen Bücher
   Umwege, die nötig waren, um endlich ›dies‹ erzählen zu
   können.« Sarah Kofman, Rue Ordener, Rue Labat, Tübingen
   1995, S. 9.
2 Mit dem wichtigen Unterschied, dass ich, anders als Achmatowa, nicht von Selbst-Erlebtem erzählen sollte, sondern die
   Erfahrungen anderer anvertraut bekam.
3 Geoffrey Hartman, »Die Wunde lesen«. Holocaust, Zeugenschaft, Kunst und Trauma, in: Gary Smith / Rüdiger
   Zill (Hrsg.), Zeugnis und Zeugenschaft, Potsdam 2000,
   S. 83–110.
4 So auch Dominick LaCapra: »A (…) consequence of the
   notion of the unrepresentable excess in traumatic limit
   events is that it may lead to a construction of these events in
   terms of an unsufficiantly differentiated, rashly generalized,
   hyperbolic aesthetic of the sublime or even a (positive or
   negative) sacralisation of the event.« In: ders., Writing History, Writing Trauma, Baltimore 2001, S. 93.
5 In der Tat wird dieser Essay strukturell ähnlich argumentie-
   ren, wie Didi-Hubermann in seinem grandiosen »Bilder

trotz allem« es für die Frage der Bilder aus Auschwitz getan hat: auf dem schmalen Grat zwischen Skepsis gegenüber der These des »Unvorstellbaren« und Skepsis gegenüber der Vorstellung, Bilder vermittelteten die ganze Wahrheit. Georges Didi-Hubermann, Bilder trotz allem, München 2007.

6 Für Avishai Margalit kennt der moralische Zeuge »das Leid als Erfahrungswissen«. Wenn dieses Wissen nur als mitfühlender Zuschauer erlangt wird, dann muss der moralische Zeuge mindestens »unter persönlichem Risiko stehen«. Ob sich das Moralische der Zeugenschaft wirklich am eigenen Leid oder am Risiko festmacht und nicht vielleicht eher an dem Motiv des Zeugnisablegens, soll später noch diskutiert werden. Vgl. Avishai Margalit, Ethik der Erinnerung, Frankfurt 2000, S. 60 f.

7 Siehe dazu: C. A. Coady, Testimony. A Philosophical Study, Oxford / New York 2002.

8 Vgl. Sibylle Schmidt, Wissensquelle oder ethisch-politische Figur, in: Sibylle Schmidt, Sybille Krämer, Ramon Voges (Hrsg.), Politik der Zeugenschaft. Zur Kritik einer Wissenspraxis, Bielefeld 2011, S. 47.

9 Sybille Krämer spricht von Spuren eines vergangenen Geschehens, die sich im Zeugen eingeschrieben haben. Siehe: Sybille Krämer, »Vertrauen schenken. Über Ambivalenzen der Zeugenschaft«, in: Schmidt / Krämer / Voges (Hrsg.), Politik der Zeugenschaft, S. 127.

10 Primo Levi, Le métier des autres, Paris 1992, S. 52ff., zitiert nach: Primo Levi, Bericht über Auschwitz, Berlin 2006, S. 11.

11 Leonardo Debenedetti / Primo Levi, Bericht über die hygienisch-gesundheitliche Organisation des Konzentrationslagers für Juden in Monowitz (Auschwitz-Oberschlesien), in: Levi, Bericht über Auschwitz, S. 59−99.

12 Myriam Anissimov, Primo Levi: Die Tragödie eines Optimisten, Berlin 1999, S. 333.

13 »Woimmer er auch war, erzählte er seine Geschichte.« Anissimov, Levi: Die Tragödie eines Optimisten, S. 349.

14 Es ist eine Vielzahl von Gründen, die Reemtsma zum Schreiben motivieren: die Geschichte, die ohnehin in der Öffentlichkeit kursiert, sich selbst wieder anzueignen, anderen, die irgendwann einmal entführt werden, später, mit diesem Buch Trost und Hilfe zu bieten, und eben aus der aufgenötigten Intimität mit den Geiselnehmern auszutreten. Jan Philipp Reemtsma, Im Keller, Hamburg 1997, S. 15–17.

15 Vgl. Ulrich Baer, Traumadeutung, Frankfurt 2002, S. 20.

16 Charlotte Delbo, »Keine von uns wird zurückkehren«, in: Trilogie, Basel / Frankfurt 1990, S. 13.

17 Primo Levi, Ist das ein Mensch?, München 1991, S. 19.

18 Warlam Schalamow, Durch den Schnee. Erzählungen aus Kolyma 1, Berlin 2007, S. 141.

19 Delbo, »Keine von uns wird zurückkehren«, S. 24 f.

20 Otto Dov Kulka, Landschaften der Metropole des Todes. Auschwitz und die Grenzen der Erinnerung und der Vorstellungskraft, München 2013, S. 41 f.

21 Jean Améry, Jenseits von Schuld und Sühne. Bewältigungsversuche eines Überwältigten, in: ders., Werke, Band 2, Stuttgart 2002, S. 36.

22 Vgl. auch Jürgen Habermas, »Handlungen, Sprechakte, sprachlich vermittelte Interaktionen und Lebenswelt«, in: ders., Nachmetaphysisches Denken, Frankfurt 1988, S. 88 ff.

23 Name geändert.

24 In den Nachbetrachtungen der Medien, in den Analysen der Kommentatoren reduzieren sich die Beschreibungen retroaktiv auf die Opfer als Opfer – aber nicht als Individuen, die sich in dieser ungewohnten Extremsituation selber begreifen lernen mussten. Emir Suljagic, bosnischer Autor und Übersetzer, kritisiert die verkürzte Perspektive auf Opfer am Beispiel von Srebrenica: »Everything is known about that death, or at least we now pretend that we want to know everything. We violate their death in newspaper columns, never asking ourselves questions about their life. We do not know any-

thing about all those people who were not any less or more wonderful, good or bad than anyone else.« Emir Suljagic, Postcards from the Grave, Bosnian Institute 2005, S. 12.

25 Reemtsma, Im Keller, S. 72

26 Vom »Aus der Zeit fallen« spricht der israelische Schriftsteller David Grossman in seinem jüngsten Buch, und zunächst scheint es der verstorbene Sohn zu sein, der aus der Zeit gefallen ist, doch nach und nach wird deutlich, dass es auch der Vater ist, den seine Trauer um den Sohn aus der gemeinsamen Zeit mit anderen »fallen« lässt. David Grossman, Aus der Zeit fallen, München 2013.

27 Herta Müller, Lebensangst und Worthunger, München 2010, S. 17.

28 Über die »Speisekarte« schreibt der chinesische Dissident Liao Yiwu, Für ein Lied und hundert Lieder. Ein Zeugenbericht aus chinesischen Gefängnissen, Frankfurt 2011, S. 126 ff.

29 Simone Weil, Die Ilias oder das Poem der Gewalt, in: Simone Weil, Krieg und Gewalt. Essays und Aufzeichnungen, Zürich 2011, S. 161. Siehe auch: dies., Cahiers. Aufzeichnungen, Erster Band, Heft 1, 1933–1940, München o. J., S. 69.

30 Murat Kurnaz beschreibt in »Fünf Jahre meines Lebens. Ein Bericht aus Guantánamo«, wie General Geoffrey Miller, der Ende 2002 das Kommando in dem Gefangenenlager Guantánamo übernahm, die »Operation Sandmännchen« einführte: Alle ein bis zwei Stunden wurden die Häftlinge demnach geweckt und in eine andere Zelle verlegt: Kurnaz, Fünf Jahre meines Lebens, Berlin 2007, S. 185.

31 Elaine Scarry, The Body in Pain, The Making and Unmaking of the World, Oxford 1985, S. 35 (dt. Der Körper im Schmerz).

32 Robert Antelme, Das Menschengeschlecht, Frankfurt 2001, S. 149.

33 Bemerkenswerte Ausnahme scheint Ruth Klüger zu sein, die zumindest über ihre Zeit in Theresienstadt auch schreibt,

wie sie dort zu »einem sozialen Wesen« geworden sei. Ruth
Klüger, weiter leben. Eine Jugend, Göttingen 1991, S. 102.

34 Hannah Arendt, Vita Activa oder Vom tätigen Leben, München 1981, S. 171–180.

35 Im Anschluss an Emile Durkheim, George Herbert Mead
vgl. auch Jürgen Habermas, »Individuierung durch Verge-
sellschaftung«, in: ders., Nachmetaphysisches Denken,
S. 187–242.

36 »My own identity crucially depends on my dialogical re-
lations to others«, schreibt der kanadische Philosoph Charles
Taylor, »Meine eigene Identität ist elementar abhängig
von dialogischen Beziehungen zu anderen.« Siehe: Charles
Taylor, The Ethics of Authenticity, o. O. 1991, S. 48.

37 Die Abhängigkeit vom anderen als Quelle von Selbst-
erkenntnis, aber auch Kränkung taucht in poetischer Form
natürlich schon in einem der Dialoge aus Platons »Alkibiades« auf: »Sokrates: ›Du hast doch also bemerkt, dass das
Antlitz dessen, der in das Auge des anderen schaut, sich in
dem gegenüberstehenden Auge wie in einem Spiegel abge-
bildet zeigt, wie wir uns denn auch des Ausdrucks ‚Pupille‘,
d. i. Püppchen, bedienen.‹« Alkibiades der Erste, in: Platons
Sämtliche Dialoge, übersetzt von Otto Apelt, Bd. 3, Hamburg 1998, S. 207.

38 Klüger, weiter leben, S. 103.

39 Michel Foucault, Surveiller et punir. Naissance de la prison,
Paris 1975, deutsch: Überwachen und Strafen. Die Geburt
des Gefängnisses, Frankfurt 1976. Vgl. auch: Michel
Foucault, »Cours du 14 janvier 1976, in: ders., Dits et Ecrits,
Bd. 3 (1976–1979), S. 175–189.

40 Über Foucault und seine Macht-Theorie habe ich an anderer
Stelle sehr viel ausführlicher geschrieben: Vgl. Carolin
Emcke, Kollektive Identitäten. Sozialphilosophische Grund-
lagen, Frankfurt 2000, S. 138–181.

41 Foucault, Überwachen und Strafen, S. 42.

42 Müller, Lebensangst und Worthunger, S. 16 f.

43 Siehe auch: Paul Matussek, Die Konzentrationslagerhaft und ihre Folgen, Berlin-Heidelberg / New York 1971; A. Ornstein, »Survival and Recovery«, in: Psychoanalytical Inquiry, 1985, 5, S. 99–130, K. Jacobson, Embattled Selves, New York 1994.

44 Klüger, weiter leben, S. 122.

45 Levi, Ist das ein Mensch?, S. 110.

46 Roland Barthes, Tagebuch der Trauer, München 2010, S. 202.

47 Levi, Ist das ein Mensch?, S. 38 f.

48 Über Haiti, insbesondere über diese würdevolle Art des Trauerns einer Dame jamens Yvonne Gelné habe ich geschrieben in: »Yvonne wartet auf ein Dach«, DIE ZEIT, 13. Januar 2011.

49 Müller, Lebensangst und Worthunger, S. 25.

50 Müller, Lebensangst und Worthunger, S. 27.

51 Das Beispiel findet sich in: Carolin Emcke, Von den Kriegen. Briefe an Freunde, Frankfurt 2004, S. 303–307.

52 Das Beispiel findet sich in: Carolin Emcke, »Der Traum von Nr. 6«, erschienen in: DIE ZEIT, 26. Juni 2008.

53 Vgl. Ilka Quindeau, Trauma und Geschichte. Interpretationen autobiographischer Erzählungen des Holocaust, Frankfurt 1995, S. 37.

54 Siehe zu den unterschiedlichen Varianten der »Coping«-Strategien von KZ-Häftlingen: Joel E. Dimsdale, »The Coping behaviour of Nazi Concentration Camp Survivors«, in: ders. (Hrsg.), Survivors, Victims and Perpetrators. Essays on the Nazi Holocaust, Washington 1980, S. 163–174.

55 http://www.nzz.ch / aktuell / startseite / articleEGFFJ-1.58777

56 Améry, Jenseits von Schuld und Sühne, S. 43.

57 Auf die Frage, ob sie mit Auschwitz lebe, antwortet Charlotte Delbo: »No – I live beside it. Auschwitz is there, fixed and unchangeable, but wrapped in the impervious skin of memory that segregates itself from the present ›me‹. Unlike the snake's skin, the skin of memory doesn't renew itself.«

Charlotte Delbo, La mémoire et les jours, zit. nach Lawrence Langer, Holocaust Testimonies. The ruins of memory, New Haven/London 1991, S. 3.

58 Liao Yiwu, Für ein Lied und hundert Lieder, S. 125.

59 So beispielhaft Abdulsalam Saif im Gespräch mit Roger Willemsen, »Jeder hatte mit jedem eine sehr herzliche Verbindung. Es war wie unter Brüdern, weil ja jeder unterdrückt war.« in: Roger Willemsen, Hier spricht Guantánamo. Interviews mit Ex-Häftlingen, Frankfurt 2006, S. 220 f.

60 Kurnaz, Fünf Jahre meines Lebens, S. 113.

61 Kurnaz, Fünf Jahre meines Lebens, S. 192.

62 Von sexualisierter Gewalt und Vergewaltigung als Instrument des Krieges und Strategie der Demütigung später mehr. Hier soll es erst einmal um Sexualität und Lust gehen.

63 Liao Yiwu, Für ein Lied und hundert Lieder, S. 191.

64 Liao Yiwu, Für ein Lied und hundert Lieder, S. 231.

65 Gegen diesen Begriff und die These von Giorgio Agamben der Reduktion des Menschen auf das »nackte Leben« später mehr. Vgl. Giorgio Agamben, Homo Sacer. Die souveräne Macht und das nackte Leben, Frankfurt 2002.

66 Es gibt natürlich auch noch die Beispiele von herausragendem Mut, von heldenhafter Kraft und moralischer Würde, die mehr waren als nur »Verdopplungen« oder Techniken der Abwehr. Tzvetan Todorov hat von diesen Menschen und Akten erzählt in: Facing the Extreme. Moral Life in the Concentration Camps, New York 1996.

67 Dori Laub, »An Event without a Witness. Truth, Testimony and Survival«, in: Shoshana Felman and Dori Laub (Hrsg.), Testimony. Crises of Witnessing in Literature, Psychoanalysis, and History, New York/London 1992, S. 75–93.

68 Laub, An Event without a Witness, S. 80.

69 Siehe dazu auch: Sibylle Schmidt, »Wissensquelle oder ethisch-politische Figur«, in Schmidt/Krämer/Voges (Hrsg.), Politik der Zeugenschaft, S. 47–67.

70 »Der sogenannte ›Muselmann‹, wie die Lagersprache den sich aufgebenden und von den Kameraden aufgegebenen Häftlingen nannte, hatte keinen Bewusstseinsraum mehr, in dem Gut und Böse, Edel oder Gemein, Geistig oder Ungeistig sich gegenüberstehen konnten. Er war ein wandelnder Leichnam, ein Bündel physischer Funktionen in den letzten Zuckungen.« Améry, Jenseits von Schuld und Sühne, S. 35.

71 Giorgio Agamben, Was von Auschwitz bleibt. Das Archiv und der Zeuge, Frankfurt 2003, S. 136.

72 »Zeugnis ablegen bedeutet, in der eigenen Sprache die Position desjenigen einzunehmen, der sie verloren hat.« Agamben, Was von Auschwitz bleibt, S. 141.

73 Agamben, Was von Auschwitz bleibt, S. 143.

74 Auch ignorieren diese Theorien die Macht, die sie damit der Erfahrung zuschreiben. Primo Levi spricht dagegen in einem Interview davon, dass das Schreiben ihm half, die Erfahrung zu entdämonisieren. Vgl. »Die Schmerzen der Nummer«, Radiofeature Deutschlandfunk – Jüdisches Leben heute, 30.07.1999, auf: David Dambitsch, Stimmen der Geretteten, Audio-CD, 2002.

75 Ich danke Andreas Huckele für lange Gespräche und E-Mails und vor allem für sein Buch: Jürgen Dehmers, Wie lange soll ich denn noch schreien? Die Odenwaldschule und der sexuelle Missbrauch, Reinbek 2011.

76 Vgl. auch Manfred Franks Kritik an Lyotard: »Ein ermordetes Subjekt kann nur schweigen, zynisch wird der Diskurs dessen, der im Namen der Menschenwürde für sein Existierensollen Zeugnis ablegen könnte, aber das Schweigen des Subjekts in den Rang der geltenden Norm erhebt«, in: Manfred Frank, Die Grenzen der Verständigung, Frankfurt 1988, S. 102.

77 Améry, Jenseits von Schuld und Sühne, S. 20.

78 Siehe dazu die Dokumentation von medica mondiale: »Damit die Welt es erfährt«. Sexualisierte Gewalt im Krieg vor Gericht. Der Foča Prozess vor dem Internationalen

Kriegsverbrecher-Tribunal zum ehemaligen Jugoslawien. http://www.medicamondiale.org/fileadmin/content/ 07_Infothek/Gerechtigkeit/medica_mondiale_Damit_die_ Welt_es_erfährt-2002.pdf

79 Im Folgenden wird zitiert nach: http://www.un.org/icty/ indictment/english/foc-ii960626e.htm.

80 http://www.un.org/icty/indictment/english/ foc-ii960626e.htm., Seite 1245, Zeile 14 bis Seite 1246, Zeile 1. Die Transkripte des »International Criminal Court for the Former Yugoslavia« wurden auf Englisch, Französisch, Bosnisch, Serbokroatisch, Albanisch und Mazedonisch zugänglich gemacht. Ich zitiere im Folgenden nach der offiziellen englischen Übersetzung, da ich die Aussagen der Zeuginnen (die in diesem Verfahren bosnisch sprachen) nicht durch noch eine weitere Übertragung ins Deutsche (noch dazu eine, die nur aus der Übersetzung übersetzen kann) belasten wollte.

81 Ebenda, Seite 1253, Zeile 12–23.

82 Ebenda, Seite 1245, Zeile 24 – Seite 1246, Zeile 15.

83 Ebenda, Seite 1292, Zeile 10 bis 24.

84 Es gibt natürlich auch Zeuginnen vor Gericht, vor diesem wie vor anderen, die sich in Details irren, die etwas verwechseln, Orte oder Namen, die sich nicht mehr exakt erinnern und die damit der epistemischen Frage des Wahrheitsanspruchs von Zeugenschaft Nahrung geben. Es soll hier gar nicht bestritten werden, dass es das Problem der fehlerhaften Erinnerung gibt.

85 Ebenda, Seite 1294, Zeile 1–7.

86 Améry, Jenseits von Schuld und Sühne, S. 72 f.

87 Hervorhebung im Original, Améry, Jenseits von Schuld und Sühne, S. 65.

88 Améry, Jenseits von Schuld und Sühne, S. 65.

89 Améry, Jenseits von Schuld und Sühne. S. 66.

90 Vgl. C. A. J. Coady, Testimony. A Philosophical Study, Oxford/New York, 2002, S. 46, sowie zur Frage des kommu-

WEIL ES SAGBAR IST

nikativen Vertrauens: Martin Hartmann, Die Praxis des Vertrauens, Berlin 2011, S. 119–138.

91 So auch die Frage in Jan Philipp Reemtsmas monumentalem Text: Vertrauen und Gewalt. Versuch über eine besondere Konstellation der Moderne, Hamburg 2008.

92 Georges Didi-Hubermann, Bilder trotz allem, S. 254.

93 Aus demselben Grund scheint mir auch Zweifel an der Sinnhaftigkeit der Gesetzgebung angebracht, nach der das Leugnen von Auschwitz unter Strafe gestellt wird. Wer behauptet, Auschwitz habe nie existiert, äußert schlicht eine historisch falsche Tatsachen-Behauptung. Ebenso wie der, der behauptet, Hitler sei nicht in Polen eingefallen. Beides falsch. Aber es lassen sich diese Behauptungen doch mit guten Gründen widerlegen. Der Rekurs auf juristische Kategorien der Strafbarkeit scheint mir eher ängstlicher Ausdruck des Misstrauens in die Kraft der öffentlichen Diskussion und eine vorschnelle Form der Tabuisierung zu sein. Die Einwände, die mir dagegen einleuchten, beziehen sich auf den Schmerz, der in denen aufgerufen wird, die als Angehörige der Opfer des Nationalsozialismus von diesem Leugnen besonders betroffen sind.

94 Das gilt, in abgeschwächter Form, natürlich für alle politischen Werte. Sie einfach nur zu behaupten, ohne sie zu erläutern, schwächt ihre Wirkungsmacht.

95 Im Rahmen der sogenannten Frankfurter Gespräche, ab Juni 2009, bei denen drei betroffene Schüler sich trafen mit der Schulleiterin, Lehrern und Daublewsky als Vertrerin des Vorstands.

96 Das zeigte sich auch in ähnlicher Weise bei den jüngsten Debatten um Sexismus. Was die #Aufschrei-Beiträge sichtbar machten, war, wie nötig es ist, Begriffe in konkrete Erfahrungen zu übersetzen, damit diejenigen, die sie nicht gemacht haben, sie nachvollziehen können. Die Kontroverse spiegelte sehr viel weniger Unterschiede in ideologischen Überzeugungen (oder Geschlechtern), sondern Unter-

schiede an persönlichen Erlebnissen (in bestimmten Macht-
verhältnissen). Siehe auch »Herausforderung Demokratie«
in diesem Band.

97 Wilhelm Genazino, Der verlorene Schuh, in: Idyllen in Halbnatur, München 2012, S. 7.

98 Sarah Kofman, Rue Ordener, Rue Labat, S. 9.

99 Otto Dov Kulka, Landschaften der Metropole des Todes,
München 2013.

100 Kulka, Landschaften der Metropole des Todes, S. 9.

101 Jean Améry, An Sebastian Hafner, Brief 318, in: ders., Werke
Band 8, Stuttgart 2007, S. 585 f.

102 Kulka, Landschaften der Metropole des Todes, S. 119.

Anatomie der Folter

1 Da ich nicht auf das original Arabisch (ich bin nicht einmal
sicher, ob diese Aussagen auf Arabisch protokolliert wurden)
zurückgreifen kann, beziehe ich mich hier auf die – mitunter
fehlerhafte – englische Übersetzung der Aussagen der Häftlinge aus Abu Ghraib, wie sie sich finden in: »Sworn Statements by Abu Ghraib Detainees« in der Washington Post,
»http://www.washingtonpost.com/wp-srv/world/iraq/
abughraib/swornstatements042104.html«. Den gesamten
Taguba-Bericht gibt es hier: »http://www.globalsecurity.org/
intell/library/reports/2004/800-mp-bde.htm«.

2 »… they brought six people and they beat them up until
they dropped on the floor and one of them his nose was cut
and the blood was running from his nose (…) the doctor
came to stitch the nose and the Graner asked the doctor to
learn how to stitch and it's true, the guard learned how to
stitch. He took the string and the needle and he sat down
to finish the stitching until the operation succeeded. And
then the other man came to take pictures oft he injured
person.« Oder: »There was a translator named Abu Adell

the Egyptian. He was helping Graner and Davis and the others.« Aussage Nr. 003-04-C1D149- (letzte Ziffer unleserlich) von Shalan Said Alsharoni, Häftling Nr. 150422.

Der verdoppelte Hass der modernen Islamfeindlichkeit

1 Noch mal ganz zu schweigen davon, dass es soziologisch ausgesprochen schwer ist, die Gruppe »Muslime« genau zu fassen.

2 Siehe auch: Mario Peucker, Islamfeindlichkeit – die empirischen Grundlagen, in dem wirklich hervorragenden, sehr umfassenden Sammelband: Thorsten Gerald Schneiders (Hrsg.), Islamfeindlichkeit. Wenn die Grenzen der Kritik verschwimmen, Wiesbaden 2009, S. 155.

3 Vgl. auch: Mark Terkissidis, Die Banalität des Rassismus. Migranten zweiter Generation entwickeln eine neue Perspektive, Bielefeld 2004.

4 Jean-Paul Sartre, Betrachtungen zur Judenfrage, in: ders., Drei Essays, Berlin 1986, S. 143.

5 Zu einer Diskussion kollektiver Identität in genetischer Perspektive: Carolin Emcke, Kollektive Identitäten. Sozialphilosophische Grundlagen, Frankfurt 2000.

6 Vgl auch Hilal Sezgin, Kopftuchfrauen, in: Süddeutsche Zeitung, 17. Dezember 2009.

7 Dazu später mehr.

8 Der Spiegel, 26. März 2003.

9 Heiner Bielefeld, Das Islambild in Deutschland, in: Thorsten Gerald Schneiders (Hrsg.), Islamfeindlichkeit, S. 175.

10 Navid Kermani, Wer ist wir? Deutschland und seine Muslime, München 2009, S. 17.

11 Siehe auch meinen Aufsatz »Liberaler Rassismus« in diesem Band.

12 EUMC, Muslims in the European Union. Discrimination and Islamophobia, Wien 2006.

13 Konsortium Bildungsberichterstattung (Hrsg.), Bildung in Deutschland. Ein indikatorengestützter Bericht mit einer Analyse zu Bildung und Migration, Bielefeld 2006.
14 Oder andere Gläubige, andere Gruppen, die aufgrund ihrer Religion, ihrer Herkunft, ihrer Sexualität, ihrer vermeintlichen Andersartigkeit als fremd gelten.

Herausforderung Demokratie

1 Siehe auch Klaus-Michael Bogdal, Europa erfindet die Zigeuner, Berlin 2011.
2 Siehe auch: Carolin Emcke, Wie wir begehren, Frankfurt 2013, S. 21 f.

Drucknachweis

»Weil es sagbar ist«. Über Zeugenschaft und Gerechtigkeit:
Originalbeitrag für diesen Band

Das Leid der Anderen: Zuerst abgedruckt in DIE ZEIT,
17. Dezember 2008

Anatomie der Folter: Zuerst abgedruckt in Le Monde Diploma-
tique, 12. August 2005

Liberaler Rassismus: Zuerst abgedruckt in DIE ZEIT,
25. Februar 2010

Der verdoppelte Hass der modernen Islamfeindlichkeit: Zuerst
abgedruckt in Wilhelm Heitmeyer (Hg.), Deutsche Zustände,
Bd. 9, Berlin 2011

Heimat – Das Heimatland der Phantasie: Rede anlässlich der
Kulturkonferenz der Grünen »Heimat – wir suchen noch«
am 22. Juni 2009, bisher unveröffentlicht

Herausforderung Demokratie: Rede auf der Tagung »Baustelle
Demokratie« der Heinrich-Böll-Stiftung und des Deutschen
Theaters am 14. Juni 2013, bisher unveröffentlicht

Über das Reisen: Dreiteilige Essayreihe für das »Nachtstudio«
des Bayerischen Rundfunks